JN102494

2025

野村證券の
就活ハンドブック

就職活動研究会 編
JOB HUNTING BOOK

は じ め に

2021年春の採用から，1953年以来続いてきた，経団連（日本経済団体連合会）の加盟企業を中心にした「就活に関するさまざまな規定事項」の規定が，事実上廃止されました。それまで卒業・修了年度に入る直前の3月以降になり，面接などの選考は6月であったものが，学生と企業の双方が活動を本格化させる時期が大幅にはやまることになりました。この動きは2022年春そして2023年春へと続いております。

また新型コロナウイルス感染者の増加を受け，新卒採用の活動に対してオンラインによる説明会や選考を導入した企業が急速に増加しました。採用環境が大きく変化したことにより，どのような場面でも対応できる柔軟性，また非接触による仕事の増加により，傾聴力というものが新たに求められるようになりました。

『会社別就職ハンドブックシリーズ』は，いわゆる「就活生向け人気企業ランキング」を中心に，当社が独自にセレクトした上場している一流・優良企業の就活対策本です。面接で聞かれた質問にはじまり，業界の最新情報，さらには上場企業の株主向け公開情報である有価証券報告書の分析など，企業の多角的な判断・研究材料をふんだんに盛り込みました。加えて，地方の優良といわれている企業もラインナップしています。

思い込みや憧れだけをもってやみくもに受けるのではなく，必要な情報を収集し，冷静に対象企業を分析し，エントリーシート作成やそれに続く面接試験に臨んでいただければと思います。本書が，その一助となれば幸いです。

この本を手に取られた方が，志望企業の内定を得て，輝かしい社会人生活のスタートを切っていただけるよう，心より祈念いたします。

就職活動研究会

Contents

第1章

野村證券の会社概況

会社によって選考方法は千差万別。面接で問われる内容や採用スケジュールもバラバラだ。採用試験ひとつとってみても，その会社の社風が表れていると言っていいだろう。ここでは募集要項や面接内容について過去の事例を収録している。

また，志望する会社を数字の面からも多角的に研究することを心がけたい。

✔ メッセージ

わたしの成長を、
社会の成長に。

90 年以上、日本の経済を中心で支えてきた野村證券。

激変する時代に突入した今だからこそ、

ここで得られる経験は、これまで以上に大きい。

証券業界のリーディングカンパニーとしての誇りを胸に、

日々変わりゆく環境に対応し、努力をつづける姿勢。

思い描く理想をカタチにしていく向上心。

一生枯れない、成長力の土台をその手に。

知恵を絞り、走り続けよう。

逆境さえも進む力に変わっていく。

君の成長が、社会の成長だ。

✔ 会社データ

本店所在地	東京都中央区日本橋1-13-1
設立日	2001年5月7日
代表取締役社長	奥田 健太郎
資本金	100億円
大株主（持株比率）	野村ホールディングス株式会社（100%）
事業内容	証券業

✔ 仕事内容

営業部門

ウェルス・パートナー課

全国の部支店において、主に個人富裕層のお客様向けに株式や債券、投資信託などの金融商品の提案だけでなく、ご資産全体の課題解決の為のソリューション提案、資産家ファミリーの相続・資産承継ビジネスの展開など、専門性の高い情報を用いて様々なお客様のニーズにご対応しています。

プライベート・ウェルス・マネジメント

主に事業法人やそのオーナー様など、超富裕層のお客様に対して、金融商品の提案に加え、お客様固有の課題解決に向け、さまざまなソリューションを提供しています。

本業の課題解決や複雑化するお客様のお悩みに対し、野村グループ内外の専門家とコワークし、付加価値の高いコンサルティングを実現しています。

デジタル・カスタマーサービス部

主に資産形成層のお客様を対象に、金融商品・サービスを非対面で提供しています。

デジタルでの情報提供、電話やオンライン面談による相談対応を通じて、お客様お一人おひとりの資産形成に貢献しています。

ワークプレイス・コンサルティング部

持株会や企業年金といった福利厚生制度等で関わりのある企業にお勤めのお客様を中心に、電話やオンライン面談でライフスタイルや資産状況を確認し、将来の資金計画 のコンサルティングを実施しています。

各企業特有の制度を加味したライフプランニングは、野村ならではの付加価値となっています。

法人課

主に金融機関、自治体、学校法人、宗教法人、財団法人などの地域を代表する法人を対象に、総合的な金融サービスをご提供しています。

株式や債券、投資信託といった商品の提案に留まらず、野村グループのあらゆるリソースをアレンジして、お客様の経営課題の解決に向けた経営提言やコン

サルティングを行います。

地域経済への貢献を念頭に置きながら、法人のお客様の持続的な発展に貢献しています。

総務課

全国の支店において、コンプライアンスの推進や各種管理業務に取り組んでおり、支店経営においてきわめて重要な役割を担っています。

主な業務としては、法令諸規則やルール・制度の周知・徹底、各種ビジネスに係るサポート業務に加え、より質の高い提案に向けたパートナーへの提言を行っています。

お客様本位の業務運営を実現するために、パートナーの良き相談役として、支店を支えています。

インベストメント・バンキング

カバレッジ

顧客企業を担当し、カバレッジバンカーとして顧客と野村のリレーションシップを構築・強化する役割を担います。顧客企業との日々のコミュニケーションを通して経営や財務の課題をキャッチし、M&Aや株式・債券を通じた資金調達などの各種ソリューションの提案を行います。野村が提供できる様々なサービスを駆使して顧客企業の事業活動を推進させるためのサポートを行います。

M&A アドバイザリー

国内外の事業会社など法人における合併・買収・売却、業務提携などのアドバイスを行っています。買収対象先の選定や企業価値の算定（バリュエーション）など、必要な手続きを行いながら交渉を進め、案件の合意にいたるまでお客様をサポートします。案件執行に際しては、弁護士、公認会計士などの社外の様々な専門家を交えながら推進していきます。

ファイナンス

株式や債券などを通じた資金調達をサポートしています。一般的に資金調達は株式や債券といった有価証券を用いた直接金融と、金融機関などからの借入による間接金融に大別されます。証券会社が担う直接金融の領域における具体的な資金調達の手法としては、企業の新規上場（IPO）や株式発行による増資、社債発行、株式と社債の中間に位置する新株予約権付社債、劣後債の発行など

があります。

ソリューション・ビジネス

M&Aやファイナンス案件に付随する金利や為替関連取引、保険会社向け取引、株式関連取引などの多様なソリューション商品を提供しています。

グローバル・マーケッツ

グローバル・マーケッツ（以下GM）では国内外の機関投資家、具体的には、銀行や投資顧問会社、生命保険会社、損害保険会社、年金基金、公的金融機関などを対象に商品やソリューションの提供を行っています。

GMがセカンダリー・マーケットで取り扱っている商品は、大きく分けて「金利」「クレジット」「為替」「株式」「証券化商品」の5つです。株式や債券などの有価証券だけでなく、オプションやスワップといったデリバティブ取引も含めた、さまざまな商品に対応しています。

GMの主な機能には、「セールス」「トレーディング」「ストラクチャリング」「クオンツ」があります。GMでは、最も効果的かつグローバルに一体となってビジネスが運営できるように、これらの機能が商品などに応じて分担されて、東京、香港、シンガポール、ロンドン、ニューヨークを中心に配置されています。そして、商品や機能、地域を越えた連携を通じ、日々変化するお客さまのニーズやマーケットに対応しています。

リサーチ

アナリスト

アナリスト（株式）

産業・企業の分析・予測、投資アイディアの提供を行っています。アナリストは、業績予想・投資判断に責任を持ち、会社訪問、レポート執筆、投資家向けプレゼンテーションなどを行います。

クレジット・アナリスト（債券）

国内外の発行体に係る個別クレジット及び金融資本市場全般におけるクレジット動向を調査・分析します。

クオンツ・アナリスト（株式・債券）

トレーディング、金融商品開発、資産運用、企業経営財務政策、リスク管理など幅広い分野を対象として、先端的な金融ビジネスの推進に必要な研究・開発

を行っています。

クオンツ・アナリスト（コーポレートファイナンス等）

コーポレートファイナンス理論、オプション評価理論、ポートフォリオ理論等に加え、統計学／機械学習を駆使した定量コンサルティングを提供し、顧客（上場企業・オーナー）の合理的な意思決定をサポートします。先進的なコンテンツ開発にも取り組みます。

ストラテジスト

ストラテジスト（株式）

調査・分析結果を基に、国内外の投資家に投資戦略の策定、提言を行います。ストラテジストの調査分野は、景気、企業業績、金利、為替などの投資環境から株式需要、投資家動向まで多岐にわたります。また、計量分析をベースとした調査も行います。

金利ストラテジスト（債券）

金利・債券を中心に、主要国のマクロ経済、金融資本市場を定性、定量の両側面から調査分析します。

為替ストラテジスト

為替を主に担当。主要国の経済、金融及び為替動向を主な調査分野とします。

データ・サイエンティスト

金融経済に関する様々な事象を対象として、統計学や機械学習を用いた定量分析、またオルタナティブデータの解析など、数理モデルに基づいた実証分析を行っています。

エコノミスト

主要国のマクロ経済、金融、為替市場を調査・分析し、国内外の投資家に調査結果を届けます。日米欧の先進国を中心に整合性のとれた経済予測を行うとともに、国際的なマネーフローの変化なども分析しています。さらに、少子高齢化や格差など中長期的、構造的な社会経済問題の分析にも取り組んでいます。

スタートアップ・リサーチャー

株式上場を志向するスタートアップ企業や成長が期待される新産業や技術を調査し、社内の法人営業担当者や業界関係者、経営者に向けてレポートを発信しています。

コーポレート

リーガル

リーガルは、企業活動が法令に準拠して行われること、および金融商品・取引にかかる債権債務関係を適切に定めることを担保する重要な機能を担っています。

取締役会や株主総会の事務局として会社法等の法令に則った運営を行い、また社内の規程や組織を整えることで、ガバナンスのフレームワークを維持・発展させる「企業法務」、「金融商品・取引組成に際しての法律面の支援や契約書の作成・交渉・締結を軸とする取引法務」といった分野で業務を展開しています。法律を通して時代の大きな変化に立ち会い、グローバルな連携によって、世界経済の未来創造に携わることができるダイナミックな一面も持ち合わせています。

ファイナンス

ファイナンスは、海外拠点を含めた野村グループ全体の財務戦略、および会計業務全般、資金管理を担当しています。経営成績の正確な把握と計数的分析、財務戦略の企画・立案、資金の調達・管理などを通じてグループ経営に貢献する、グローバルなファイナンス業務を担っています。

具体的には、プロダクトごとの収支管理、野村グループの財務諸表および各種開示資料の作成、経営判断に必要な財務データの提供、資本政策や財務分析などの財務戦略の企画・立案、資金調達および管理、確定申告書の作成やタックスプランニングなどの業務から構成されています。

インフォメーション・テクノロジー

ホールセール IT 部では、金融機関のお客様に株や債券、為替、デリバティブの取引を行うトレーダー・セールスに対して、IT ソリューションの企画／開発／運用を行っています。また、野村グループのリスク管理業務のためのシステム開発を行うチームや大型クロスボーダー案件の IT プロジェクト管理を行うチームなど、ホールセールビジネス各部と共に、ビジネスのさらなる発展と効率化に向けた取り組みを行っています。今や金融ビジネスに IT は不可欠であり、ビジネスの収益源の核になると認識されています。それゆえ IT への期待は非常に高まっており、全世界二千数百名（日本での外国人比率は約70%）の国際色豊かなメンバーがその期待に応えるために日々の業務に就いています。

オペレーション

日本をマザーマーケットとするグローバル金融機関の役割を担う野村證券には、個人投資家から国内外の機関投資家に至るまで幅広いお客様がいらっしゃいます。オペレーションは、お客様の株式・債券などの現物、為替、ローン、証券化商品やあらゆるタイプのデリバティブ、ハイブリッド商品など、多様な取引に携わっています。

フロントオフィスで約定した取引を、お客様への連絡・内容確認を経て迅速かつ正確に決済し、証券・資金の動きをコントロールする、そして、会社としての健全な管理体制を整えるのが、オペレーションの主な役割です。

加えて、フロントオフィスの良きビジネスパートナーであると共に、リスク管理の観点から時には適切にアドバイスすることで牽制機能を果たすなど、ビジネスの競争力を最大にする役割も担っています。そのために豊富な金融商品知識をもつプロフェッショナルとして、社内外のあらゆる部門と密接に連携しながら業務を遂行しています。¥

✔ 先輩社員の声

日本の金融機関全体の運用リスクの取り方を考える。コンサルタントであり，リサーチャーであり，マーケターでもある仕事です。

【総合職 A 社員】
現在の仕事

私の現在の仕事は，全国の支店にいる法人課のセールスとともに，お客様である地域金融機関（地方銀行，信用金庫等）に対して，中長期的なポートフォリオの構築をご提案することです。金融機関にとって，口座に眠っている余剰資金をいかにリスクを抑えながら効率的に運用するかは重要な課題のひとつです。全国のお客様を訪問し，マーケットや業界動向，制度会計の情報提供はもちろん，数理的な合理性をベースにした投資戦略のアイデアを提供するなど，幅広い知識が必要な「コンサルタント」であり，「リサーチャー」であり，「マーケター」の要素もある仕事です。

野村證券だからできること

この仕事をしていて感じることは，「野村證券だからできること」が少なくないということです。第一に，「ポートフォリオ管理システム」という，他社にはない高度な IT システムを有しているためです。各金融機関は，運用リスクを数値として算出し公表する義務がありますが，高度な計算システムを自前で所有することは困難です。そこで，野村證券は，リスク管理システムを独自に開発しすべての顧客に提供しています。専門的ノウハウだけでなく，このようなシステムを無償で提供することにより，お客様は全面的に我々を信頼してくださり，全ポートフォリオを開示してくださいます。第二に，金融機関の大規模ポートフォリオ構築に対応できるスペシャリスト集団を社内に抱えていることも大きな強みです。「業界再編が進み，転換期を迎えた地方銀行が，有価証券を含めてどうポートフォリオを組んで収益を確保していくか」。これは，日本経済にとって重要な問題です。我々を中心に，セールス，トレーダーのみならず，エコノミスト，ストラテジストを含め，各スペシャリストが協働して個々のお客様をカバーし，さらに，日銀や金融庁の方々との意見交換を通じ，「業界全体に貢献する」という大局的な視野を持って仕事に取り組んでいます。このように，社内の豊富なリソースを活用し，若い頃から部長や役員といった目上のお客様に対して堂々と自分の提案ができ，微力ながらも社会に影響を与えられるような仕事ができるのは，野村證券にいるからこそだと思っています。

大切にしていること

「お客様が必要としている情報なのか」，「本当にお客様のためになっているのか」を常に考えて仕事をしています。仕事の流れとして，支店のセールス担当から，「どういう提案をしたいか」，「そのために何を調べてほしいか」といった内容があがってきます。その際，普段から直にお客様と接しているセールスにしかわからないこともありますし，客観的な視点を持った自分だからこそ見えることもあり，「それは，ちょっと違うのではないか」，「別の提案の方が合っているのでは」といった，かなり白熱したディスカッションをすることもあります。プロの機関投資家である金融機関のお客様へのご提案は，お互いに真剣勝負。「タッグを組んで最善のストラテジーを提供しよう」という共通認識が，セールスと私たちの間にはあります。

社員紹介 必ず果たしたい
約束がある。

【営業部門】
金融リテラシーの高いエリアで、富裕層のお客様を担当しています。

現在私は、都心部に立地する支店に勤務し、約400人の富裕層のお客様の資産運用を担当しています。最先端のスタートアップ企業が集まるため、経営者のお客様が多く、総じて金融リテラシーが高いことが特徴です。まだ赴任して日が浅い私にとっては毎日が勉強です。自ら進んで勉強する機会が以前より増えました。

役に立つご提案をするためには、お客様のことを知る必要があります。従って営業活動においてはヒアリングがとても重要です。しかし、知らない人に対して大事なことを率先して打ち明ける人はいないのではないかと思います。だからこそ私は初めてお客様とお会いする時は、まず自分自身についてオープンにお話しし、自分について知っていただくことを実践しています。もう一つは、面談中にメモを取らないことです。話した内容が録音やメモを取られてしまうと、お客様は本音でお話ししにくくなると思います。重要な内容については面談が全て終わって、自分一人になってからメモを取るようにしています。

私が何気ない自然体の会話を大事にしているのは、会話の中にお客様の本音や、潜在的なニーズがあるからです。最初の頃は玄関先で保有資産レポートをお渡しするだけだったお客様も、訪問を重ねるうちに距離が近づき、やがて「実はこんなこと、誰にも話したことはなかったんだけど」と、想定をしていなかったようなお悩みをご相談いただけることが幾度もありました。お客様から本音のご相談をいただけた時には、改めて自らの存在意義を確認できたような充実感を覚えます。

お客様が一番の信頼を寄せていただける、金融のプロフェッショナルになる。

2020年には本社へ異動し、新卒採用活動に携わりました。若い世代に多くの権限を与え、挑戦を後押ししていく文化があることを、私の実体験をもとに学生の皆さんにお伝えしました。その時に接した学生たちが、今、社会人として活躍しています。採用は終わりではなく、始まりです。彼ら、彼女らの活躍をこれから先もずっと応援していきたいと考えています。

私自身は幼い頃、カメみたいと言われるくらい、おっとりどころではない動きの遅い子で、要領の良い妹と比較され、自分でも悔しかったのを覚えています。「悔しい」で終わらせない自分に変わったのは、中学・高校生の時にお芝居に夢中になり、稽古に打ち込むようになってからでした。やると決めたことは必ずやり通すと心に誓ったのはこの頃からです。大学時代はイギリスに短期留学して、ヨーロッパの法規範について学びました。その後、証券営業という仕事を選んだのは、人間力を最も発揮できる仕事だと思ったからです。幼い頃を知る親戚には、「あのおっとりした英里が」と驚かれました。ハングリーに色々なことに挑戦して、一つひとつ乗り越えることで成長していた自分に気付きました。

現在の私の目標は、オールマイティな金融のプロフェッショナルになることです。各分野の専門家の方に頼らなくても、一通りのことは全部その場で即答できるくらい圧倒的な知識量を身に付けたいと思っています。

金融工学を用いて
リスク管理業務の高度化を担う。

【リスク・マネジメント】
野村證券を選んだ理由

学生時代は、経営資源の効果的・効率的配分を研究する学問である経営工学を専攻していました。経営工学の応用分野の一つに金融工学がありますが、就職活動が本格化する前年にリーマンショックが起こり、金融の果たすべき役割やリスク管理の在り方についての議論が世の中的に巻き起こっていたことから、金融工学を用いたリスク管理の高度化に興味を持ちました。グローバルな環境に身を置きたいと考えていたため、外資系投資銀行等も検討いたしましたが、企業の説明会や社員との交流会等を通し、日本にヘッドクオーターのある当社のほうがより経営に近い立場でリスク管理業務に携わることができるのではないかと感じ、当社への入社を決めました。

現在の仕事内容

入社後は、リスク管理に用いる数理モデルの開発・検証業務に携わり、ニューヨーク勤務を経て、現在はストレス・テスト課に所属しています。当社では株、国債、為替等に始まり様々な金融商品を取り扱っており、当部ではこれらの商品に内包されるリスク（利益・損失の可能性）の管理を行っております。私の所属するストレス・テスト課では、例外的ではあるものの起こりうると考えられる事象の当社に対する影響を、市場・信用、ビジネスリスク等の観点から計測し、ビジネスサイドや経営層へ情報提供を行っています。当部には様々なバックグラウンドを持ち、高い専門性を有した方々が揃っているため、周囲との議論を通して様々な知見を得ることが出来ます。また、当社がグローバルに展開していることから、各国当局からの関心も高く、フロントオフィスとはまた違った形で金融のダイナミズムに触れることができる点も非常に魅力的であると感じています。

現在の仕事の醍醐味

現在の仕事で面白いと感じることは、様々な情報に触れながら、起こり得る事象の会社全体への影響が見られることです。ストレス・テストではまずは起こり得る事象の列挙を行いますが、これを行うためには普段からアンテナを高く張り国内外の情報にあたり、ある事象が今後どのように波及するか想像力を働かせて自分なりの意見を持っておく必要があります。その上で、グローバルなチームの中で当該事象について議論を行ってシナリオを策定したうえで、現在のポジション情報や金融規制等と照らしあわせながら、当社への最終的な影響分析を行っていきます。影響分析を行う際には大学院や以前のチームで学んだ数理モデルの考え方を基に Python や Power BI 等の分析ツールも用いながら、大局観を持ちつつ細部を理解することを意識しています。非常にチャレンジングではありますが、各シナリオ下ではどのようなリスクがどの程度増加するかなど会社全体への影響が見られるため、興味が尽きることはありません。

総合職

概要	■オープンコース
	入社後の配属先は営業部門となり、転居を伴う異動の可能性があるコースです。営業部門での業務やジョブ・ローテーションを通じてキャリア開発を行い、長期的な観点で、幅広い知見を持った金融のプロフェッショナルを目指す働き方です。
	■エリアコース
	入社後の配属先は営業部門となり、原則として転居を伴う異動がないコースです。営業部門での業務やジョブ・ローテーションを通じてキャリア開発を行い、長期的な観点で、幅広い知見を持った金融のプロフェッショナルを目指す働き方です。
	■インベストメント・バンキングコース
	インベストメント・バンキングコースは、配属先をインベストメント・バンキング業務関連部署に特定します。業務内容は、インベストメント・バンキング業務（債券・株式・その他の引受業務、M&A・財務アドバイザリー業務等）となります。
	※入社後は、以上の分野における専門性の習得と、ビジネスで通用する高水準の英語力が求められます。
	■グローバル・マーケッツコース
	グローバル・マーケッツで扱う商品は、株式、金利、クレジット、外国為替、証券化商品などで、業務内容は以下のいずれかになります。
	トレーディング／セールス／ストラクチャリング／クオンツ
	※入社後は、以上の分野における専門性の習得と、英語力の向上が期待されます。
	■リサーチコース
	リサーチコースは、配属先をリサーチ業務関連部署に特定します。本コースでは、以下いずれかの分野における専門性が望まれます。
	アナリスト／スタートアップ企業調査／エコノミスト／クオンツ・アナリスト／研究員／データサイエンティスト
	※入社後は、関連分野における専門性の習得と、英語力の向上が期待されます。

概要	■ＩＴコース 「IT・デジタル＆オペレーションコース」は、配属先をIT・デジタル関連部署またはオペレーション関連部署に特定します。IT・デジタル関連部署またはオペレーション関連部署にてキャリアをスタートしたい方向けに「IT・デジタル＆オペレーションコース」を設置いたします。 ■リスク・マネジメントコース リスク・マネジメントコースは、配属先をコーポレートのリスク・マネジメント業務関連部署に特定します。リスク・マネジメントは、専門的な視点からビジネスが潜在的に抱える懸念や課題を洗い出し、野村グループとして総合的判断を下すために必要な基準作りや、懸念を軽減するための仕組み、懸念事項のモニタリングフレームワークの設計を担当しています。 ※入社入社後は、関連分野における専門性の習得と、英語力の向上が期待されます。 ■コーポレートコース 世界30カ国・地域を超える拠点で多様なバックグラウンドを持った社員が活躍する、野村グループの本社機能を担うのがコーポレートの各部署です。当コースでは自身の専門性を高めながら、世界展開するビジネスに携わり活躍していくことを目指す方々を募集します。具体的な配属先はファイナンス、法務、内部監査、人事を予定しています。応募者の皆様の専攻分野や経験・スキル等を踏まえて最もご活躍いただけると考えるポジションを、選考の過程でキャリア志向をお伺いしながら検討します。 ファイナンス／法務／内部監査／人事 ※いずれのポジションもグローバルな業務連携が求められ、入社後は英語力と専門性の向上・発揮が期待されます。
応募資格	2024年9月末までに国内外の四年制大学卒業見込、または大学院修了見込の方 全学部／全学科 国籍不問　四年制大学と同等の資格を取得できる方はご応募が可能です。 既卒の方もご応募が可能です。
給与	・初任給（※2022年4月実績） 　月給：245,000円 　（インベストメント・バンキングコース／グローバル・マーケッツコース／リサーチコース：月給：当社規定による） ・月例給：年1回水準を決定 ・賞与等：年1回

諸手当	時間外手当、通勤交通費等
休日休暇	完全週休2日制（土日）、祝日、年末年始、年次有給休暇、年2回9日間連続休暇(土日含む)等
勤務地	■オープンコース：本社、本店、各支店 ■エリアコース：本社、各支店 ■インベストメント・バンキングコース／グローバル・マーケッツコース／リサーチコース／ＩＴコース／リスク・マネジメントコース／コーポレートコース：本社、本店、各支店、海外拠点等
福利厚生	社宅制度、従業員持株制度、財形貯蓄制度 直営保養所（国内及びハワイ）、BenefitStation
勤務時間	8時40分～17時10分
保険	健康保険、厚生年金保険、労災保険、雇用保険等

✔ 採用の流れ （出典：東洋経済新報社『就職四季報』）

エントリーの時期	【総】3月～
採用プロセス	【総】WebES提出・Web適正検査（3月～）→面接（複数回，6月～）→内々定（6月上旬～）
採用実績数	<table><tr><th></th><th>大卒男</th><th>大卒女</th></tr><tr><td>2022年</td><td>200</td><td>120</td></tr><tr><td>2023年</td><td>180</td><td>120</td></tr><tr><td>2024年</td><td>190</td><td>110</td></tr></table>※2024年：予定数　大卒男、大卒女には、修士・博士も含む
採用実績校	【文系】 東京大学，京都大学，一橋大学，東北大学，大阪大学，九州大学，慶應義塾大学，早稲田大学，上智大学　他 【理系】 ※文系に含む

✔2023年の重要ニュース（出典：日本経済新聞）

■野村、都内など5店舗を統廃合　東京や大阪で4月（1/27）

　野村証券は27日、成城支店（東京都世田谷区）や新百合ケ丘支店（川崎市）、豊中支店（大阪府豊中市）など5店舗を近隣の店舗へ統合すると発表した。4月初旬から半ばにかけて段階的に閉じる。年数億円の経費削減につながるもようで、野村の店舗数は110カ所になる。1店舗あたりの人員を増やし、若手の教育を充実させるねらいもある。

■野村証券、20〜30代の賃上げ7%程度に　非管理職が対象（2/7）

　野村証券は7日、国内の主に20〜30歳代の非管理職を対象にこれまでの水準を上回る賃上げを実施すると明らかにした。過去数年間は平均6.2%程度だったが、今年4月以降の賃上げ率は月収で7%程度になるとみられる。物価上昇や人材の奪い合いが激しくなっていることから、例年の規模を上回る賃上げに踏み切る。

　野村は実績に応じた処遇を原則としており、一律の定期昇給やベースアップを行っていない。今回の賃上げは昇給や昇進に伴う増額分で、一時金や手当を含まない。対象となる非管理職の社員数は8500人程度にのぼるようだ。

■野村証券、鳥海智絵専務が女性初の副社長に（3/1）

　野村ホールディングスは1日、2023年度の役員体制を発表した。野村証券の鳥海智絵専務が女性として初めて同社の副社長になる。投資判断に生かす情報提供や資本市場の分析を担うコンテンツ・カンパニーを担当する。運用会社で実務に通じた人材の登用で取締役会を活性化させるため、野村アセットマネジメントでは最高投資責任者を務める本間隆宏氏を取締役の候補者に選んだ。

■野村と東邦銀行が包括提携　個人向け証券業務を統合（8/30）

　野村証券と東邦銀行は30日、金融商品の仲介業務に関して包括提携に向けた基本合意を結んだと発表した。同行が抱える証券口座を、野村が新設する金融商品仲介口座へ移管する。野村の福島、郡山両支店に勤める社員が東邦銀行へ出向し、顧客対応などのノウハウを提供する。

野村が地方銀行と組むのは5例目。基本合意は東邦銀行傘下のとうほう証券を含めた3社で結んだ。最終合意や提携に基づく新体制の開始は2024年度を予定する。

　野村は福島、郡山両支店を閉鎖する。野村の支店と東邦銀行の証券口座の合計の預かり資産残高は約6000億円。提携により、1兆円をめざす。

■野村、国内初のインパクト社債発行枠組み　豊田合成向け（10/31）

　野村証券は持続可能な開発目標（SDGs）の実現に取り組む企業が社債を発行するためのフレームワーク（枠組み）作成を支援する。第1弾として31日、トヨタ自動車系でエアバッグなどを手掛ける豊田合成が枠組みをつくったと発表した。国内初の取り組みで、社会課題解決に関心がある投資家の資金を呼び込む。

　今回は企業活動が社会に与える影響を分析して金融機関が融資する「ポジティブ・インパクト・ファイナンス（PIF）」の債券版といえる。野村の助言のもと、豊田合成が枠組みを作成し、格付投資情報センター（R&I）がPIFに関する国際的な原則に適合することを確認した。

　豊田合成が今回の枠組みに基づいて発行する債券の金額などは未定という。調達する資金は新興国向けのエアバッグ供給や、電気自動車（EV）対応の製品開発などに充てる。

■野村総研、社債600億円発行　金利上昇もにらむ（12/1）

　野村総合研究所は1日、総額600億円の普通社債を発行すると発表した。同社の起債は2022年12月以来で、調達資金はすでに発行したコマーシャルペーパー（CP）の償還や、成長に伴って増える運転資金に充てる。3種類の年限の社債のうち最も長い10年物の発行額が1番多く、今後の長期金利の上昇に備える狙いもある。

　年限は5年、7年、10年の3本立てで、それぞれ200億円、100億円、300億円を調達する。利率は0.624%、0.905%、1.223%で、野村証券や三菱UFJモルガン・スタンレー証券、みずほ証券が引き受ける。格付投資情報センター（R&I）からは「ダブルAマイナス」の格付けを得ている。

✔2022年の重要ニュース （出典：日本経済新聞）

■野村証券、相次ぎ地銀連携　福井銀行とも包括提携（7/8）

　野村証券と福井銀行は8日、金融商品の仲介業務で包括提携すると発表した。野村が証券口座の管理や営業面の支援を担い、地元で厚い顧客基盤を持つ福井銀行は運用商品の販売や顧客への対応に専念する。互いの強みに特化し、業務を効率化しながら預かり資産の拡大につなげる。地方でも貯蓄から資産形成への流れに弾みをつける。

　両社は年内に最終合意し、2023年中に新体制への移行をめざす。野村の福井支店に勤める40人以上の社員は福井銀行へ出向し、運用商品の販売に関するノウハウを提供する。福井銀行が抱える顧客の証券口座は野村が新たに設ける「金融商品仲介口座」へ移し、野村側で管理する。

　野村がこうした枠組みで地方銀行と提携するのは、20年9月の山陰合同銀行（島根県）を皮切りに阿波銀行（徳島県）、大分銀行に続く4行目。都市部で強さを発揮する野村だが、地方では独力で顧客開拓を進める厳しさに直面する。会見で野村の奥田健太郎社長は「地方で1、2店舗でやっていくことの限界を感じている」と今後の提携拡大に含みを持たせた。

　地元で強固な顧客基盤を抱える地銀との協業に切り替え、野村は証券口座の管理や営業面の支援に徹する。73年の歴史を持つ福井支店を閉じ、今後は法人取引に特化していく。すでに地銀との提携が動き出した松江支店や徳島支店は閉鎖済みだ。全国で店舗網を維持するのが難しくなるなか、名を捨てて実を取る戦略といえるだろう。

　地銀側も長引く低金利により、融資を中心とした伝統的な業務で成長を描きづらくなっている。預かり資産の拡大による手数料の底上げが急務となる。8日の会見で福井銀行の長谷川英一頭取は「単独でサービスの質を向上させるには課題が多い」と話した。野村の福井支店と福井銀行で合わせて約4000億円（今年3月末時点）だった預かり資産を、数年後に5000億円まで伸ばしたいという。

　単独で運用ビジネスを展開する限り、地銀にはシステムを維持するための経費がのしかかる。コンプライアンス（法令順守）重視の流れで手続きやコストも増す一方だ。こうした経費を運用商品の拡販で賄おうとすれば「売り上げ重視の営業に走りかねない」（関係者）との懸念もあがる。

　野村との提携で先陣を切った山陰合銀では、22年3月期決算で2億円の経費を削減した一方、関連する手数料を5億円以上伸ばした。後方の業務を野村に任

せて身軽になれば、より顧客の意向を重視した営業に専念しやすくなる。

大和証券も四国銀行（高知県）との包括提携で最終合意したと3月に公表し、SBI証券を傘下に持つSBIホールディングスも地銀との連携を強化している。貯蓄から資産形成の掛け声が強まるなか、証券会社と地銀の提携は今後も増えそうだ。

■野村証券、支店の法人取引集約 承継・相続強化へ新部署（9/29）

野村証券は10月の組織改正で支店のあり方を見直す。中堅企業やオーナーとの取引を東京と大阪、名古屋に新設するコンサルティング部へ集約。知見や情報を持つ社員を集め、相続や事業承継の提案力を底上げする。事業主の高齢化なども背景にメガバンクグループが攻勢を強めており、専門性に磨きをかける体制を整える。

支店では顧客層を保有資産などに応じ、①マス・アフルエント（一般富裕）層②師士業や地主などの富裕層③中堅企業・オーナー——に分類している。10月3日付で東名阪の各拠点に法人コンサルティング部を立ち上げ、管内の支店で取引している中堅企業やオーナーの口座を集約する。新しい部署の人員数は計200人程度になる見込み。

一定の売上高や純資産を抱える中堅企業やそのオーナーは資産運用だけでなく、事業承継や相続などの複合的な取引を期待できる。自社株の評価などを通じて野村が強みを発揮してきた分野だが、今後見込まれる世代交代の本格化を控えてメガバンクグループとの競合も激しくなってきた。

総資産3億円以上のオーナーや地主などに照準を定める三菱UFJフィナンシャル・グループは中途採用を強化するなどして組織を拡張している。野村は人員の集約で情報や知見を共有しやすくし、専門性と提案力の向上につなげたい考えだ。

✔2021年の重要ニュース （出典：日本経済新聞）

■野村不HD、1年1カ月ぶり高値　業績上方修正を好感（3/19）

　19日の東京株式市場で野村不動産ホールディングス（HD）の株価が5日続伸し、前日比81円（3%）高の2707円と、約1年1カ月ぶりの高値で取引を終えた。前日に2021年3月期の業績予想を上方修正したことが好感され、個人投資家を中心に買われた。売買代金は前日の2.5倍に膨らんだ。

　野村不HDが18日発表した今期の連結純利益の予想は、前期比18%減の400億円。従来予想の370億円から上方修正し、市場予想平均（QUICKコンセンサス、2月9日時点）の379億円を上回った。

　新型コロナウイルス感染拡大の影響が想定よりも軽く、マンション分譲のほか、オフィスビルや住宅などの修繕工事の売り上げが従来予想を上回る。コロナ禍で住環境を見直す動きが広がり住宅販売の追い風となっている。

　野村証券は18日付で目標株価を2370円から2900円に引き上げた。担当アナリストの福島大輔氏は「在庫となっていたマンションの需要が強まり、マンション市況や在庫の悪化懸念が薄らいだ」とコメントした。

　PBR（株価純資産倍率）はなお0.86倍と解散価値の1倍を下回る。「割安株が買われる流れで、上昇が続く可能性がある」（楽天証券の窪田真之氏）との声がある一方、2月末からの上昇率は13%に達し、ペースが速い。目先は値動きが大きくなる場面もありそうだ。

■金融仲介支援のプラットフォーム　野村総研と（1/31）

　野村証券は31日、金融商品仲介業務を手掛ける地域金融機関や仲介業者向けに業務支援を行う新たなプラットフォームを立ち上げると発表した。野村総合研究所と共同でサービス開発を進める。既存の金融機関に加えて将来的には独立系金融アドバイザー（IFA）が活用できるような体制も視野に入れる。サービス開始は2022年度の上半期中を予定するとしている。

　野村証券は地銀や保険会社といった金融商品仲介業者と定義される金融機関に金融商品の提供や販売支援を手掛けている。野村総合研究所と共同で仲介業務支援のための枠組みを提供しこうした支援を拡充する。野村総研からシステムの提供を受け、野村証券の営業・業務のノウハウも新たなプラットフォームにまとめ、サービス支援を高度化する。

■野村・大和、SBI とデジタル証券　不動産など小口売買 (10/14)

　不動産や社債などを小口売買できるデジタル証券をめぐり、野村ホールディングスと大和証券グループ本社は、SBI ホールディングスが主導する取引所に資本参加する。東京証券取引所を通さない私設取引システム（PTS）と呼ぶしくみで、大手金融の合流でデジタル証券の普及に弾みがつきそうだ。これまで機関投資家が中心だった商業不動産などの金融取引に一般の個人投資家も広く参加できるようになる。

　SBI が三井住友フィナンシャルグループ（FG）と設立した PTS の運営会社「大阪デジタルエクスチェンジ（ODX）」が 11 月をめどに 35 億円の第三者割当増資を実施し、SBI グループと三井住友 FG に加え、野村と大和も引き受ける。野村と大和の出資比率は 5％ で、それぞれ取締役も派遣する。

　ODX はまず 2022 年春から上場株を取り扱う計画で、23 年をめどにデジタル証券の売買を始める。デジタル証券はブロックチェーン（分散型台帳）技術を使い、従来まとまった単位でしか取引できなかった商業不動産や社債などを小口に刻んで売買できるのが特徴だ。

　商業不動産や非上場企業への投資は、機関投資家や一部の富裕層が中心だったが、小口にすることで一般の個人投資家もアクセスしやすくなる。デジタル証券はすでに SBI 証券や三菱 UFJ 信託銀行が発行しており、ODX は流通市場という位置づけだ。上場株も ODX で扱うようになれば、東証ではない選択肢ができることになる。

　SBI と野村、大和という国内の大手証券が「呉越同舟」で新たな市場づくりに乗り出すのは、相互に顧客基盤の先細り懸念を抱えているためだ。SBI は株式の売買手数料の引き下げ競争を主導し、すでに口座数で最大手の野村証券を抜いた。ただネット証券同士の値下げ競争で売買手数料は大幅に下がり収益の多角化が急務となっている。

　預かり資産残高でなお優位に立つ野村は、主要顧客の高齢化が進むなか、現役世代の獲得が課題となっている。商品設計の自由度が高いデジタル証券を、個人にあわせた金融商品の品ぞろえを増やす手段と考えている。三井住友 FG 傘下の SMBC 日興証券や大和は、投資家の注文を ODX に取り次ぐことなども検討する。

　国内外の企業や投資家とのネットワークを持つ野村や大和が参画することで「公的な PTS として運営体制を強化できる」（ODX 幹部）とみる。各社は流通市場の整備に必要な当局とのルールづくりでも連携する。

✔ 就活生情報

OB訪問はしておいたほうが，志望動機を思いつき
やすいです

総合職A 2020卒

エントリーシート

・形式：採用ホームページから記入
・内容：野村證券だからこそ実現できる，あなたの夢や目標について，最近関心
を持っている出来事，ニュースについて・関心を持っている理由について

セミナー

・選考とは無関係
・服装：リクルートスーツ
・内容：座談会，パネルディスカッション，女性限定のイベントなど様々なセミ
ナーがあった。セミナーに参加した数も選考に含まれる

筆記試験

・形式：マークシート/Webテスト
・科目：数学，算数/国語，漢字/性格テスト。

面接（個人・集団）

・回数：3回
・質問内容：学生時代頑張ったこと，なぜ野村なのか，将来何をしたいか

グループディスカッション

・テーマ「結果とプロセス，どちらを大切にするべきか」。班ごとにテーマは違う

内定

・通知方法：最終面接でその場

▶ その他受験者からのアドバイス

・1回は圧迫されるので，いかに動じず答えを返せるかが重要。セミナーの数
を見ている。また，印象に残った社員のことをいつ聞かれても話せるよう
にしておくとよい

一度のセミナーでより多く情報をつかめるように頑張ってください

総合職B 2020卒

エントリーシート

・形式：採用ホームページから記入

セミナー

・選考とは無関係
・服装：リクルートスーツ
・内容：業界説明，企業説明，業務説明など。仕事体験形式や座談会形式もあるので理解しやすかった

筆記試験

・形式：マークシート/Webテスト
・科目：数学，算数/国語，漢字/性格テスト
・内容：Webテスト，GROW，二次面接時に簡単な計算テスト(マークシート)

面接（個人・集団）

・回数：6回
・質問内容：なぜ金融業界なのか，なぜ証券会社なのか，なぜ野村なのか，他社の選考状況，自己PR，学生時代に力を入れたこと，自身の強みと弱み，ゼミについて，苦労・挫折した経験などオーソドックスなものを深堀りされる

内定

・拘束や指示：内々定を出した場合その場で就活をやめますか？と聞かれた

● その他受験者からのアドバイス

・1日に何度も面接をするため拘束時間が長い
・OB訪問はしておいたほうが志望動機を思いつきやすい

会話をする中で，自分の強みや志望度をさりげなく
アピールできるように心がけた。ハキハキとした対
応や笑顔を常に注意した

総合職 A 2019卒

エントリーシート

・形式：採用ホームページから記入
・内容：野村證券だからこそ実現できると考える，あなたの夢や目標について
・最近（3ヵ月以内）関心を持っている出来事，ニュースについて。関心を持っている理由

セミナー

・記載無し

筆記試験

・形式：Webテスト
・科目：玉手箱。実施場所は自宅。面接時間は1時間

面接（個人・集団）

・質問内容：野村證券を志望する理由，これまでに一番困難だった経験とどう乗り越えたか，逆質問。どの質問においても，先に手を挙げた人から発言する，という形式だった

内定

・拘束や指示：承諾検討期間はなし

● その他受験者からのアドバイス

・志望動機では，なるべく具体的に話すことを心掛けた。また何度かイベントに参加したことがあったので，そこで聞いたことを含めて自分なりの志望動機を作った。また一文は短く，聞いていてイメージしやすいように話すよう注意した

自己分析や自分は何がしたいかについて，なるべく
早い段階から考えるとよいと思います

総合職A 2018卒

エントリーシート

・形式：採用ホームページから記入
・内容：どのような生き方がしたいか，最近の気になるニュースが問われた

セミナー

・選考とは無関係
・服装：リクルートスーツ
・内容：池上さんの講演が良かった

筆記試験

・形式：Webテスト
・科目：数学，算数／国語，漢字／性格テスト

面接（個人・集団）

・雰囲気：普通
・回数：3回
・質問内容：志望動機等

内定

・拘束や指示：特になし
・タイミング：予定通り

総合職B 2018卒

エントリーシート

・形式：採用ホームページから記入

セミナー

・選考とは無関係
・服装：リクルートスーツ
・内容：ワークショップ型の体感セミナー，女性専用セミナー（特別講演），有名アスリートの特別講演

筆記試験

・形式：マークシート／Webテスト
・科目：数学，算数／国語，漢字／性格テスト
・内容：四則演算やGABの様なもの

面接（個人・集団）

・雰囲気：普通
・回数：5回
・質問内容：オーソドックスな質問を深堀りされる

グループディスカッション

・AIにとって変わらない仕事は

内定

・拘束や指示：就職活動をやめる様に言われた
・タイミング：予定通り

▶ その他受験者からのアドバイス

・よくなかった点は，GDがあることを知らされていなかったのに，あったこと

次に同じ質問がきた時は，対応できるように，面接後は，必ず振り返りをしてください

総合職 A 2018卒

エントリーシート

・形式：採用ホームページから記入
・内容：どのような生き方をしたいか，関心のあるニュース

セミナー

・選考とは無関係
・服装：リクルートスーツ
・内容：業界の説明，社員との質問会

筆記試験

・形式：マークシート／Webテスト
・科目：数学，算数／性格テスト
・内容：玉手箱と二次面接で四則演算

面接（個人・集団）

・雰囲気：圧迫
・回数：3回

内定

・拘束や指示：就職活動をやめるように指示された
・タイミング：予定通り

採用活動はよくないと思いますが，長い目で総合的に判断する考えを持つようにして下さい

総合職A 2018卒

エントリーシート

・形式：採用ホームページから記入
・内容：志望動機，気になるニュース

セミナー

・選考とは無関係
・服装：リクルートスーツ
・内容：セミナーの質は悪いと感じました

筆記試験

・形式：Webテスト
・科目：数学，算数／性格テスト
・内容：ギャブ，性格検査，タル，四足逆算

面接（個人・集団）

・雰囲気：圧迫
・質問内容：特に変わった質問はなかった

内定

・拘束や指示：内々定を出す暁には他社選考を全て辞退することを強要されます。
　人によってはその場で辞退の電話をかけさせらていたようです
・タイミング：予定より早い

▶ その他受験者からのアドバイス

・学生のことを全く考えていない姿勢を，隠す素振りもなく，逆に気持ちが
　良かった

総合職A 2017卒

エントリーシート
・形式：採用ホームページから記入

セミナー
・選考とは無関係
・服装：リクルートスーツ
・内容：クイズも交えた会社概要説明

筆記試験
・形式：記述式
・科目：数学，算数
・内容：四則計算。難易度は低い

面接（個人・集団）
・1次面接　面接官1：学生2　約30分×2
・2次面接　面接官1：学生2　簡単な筆記試験もある
・最終面接　面接官1：1　最後は圧迫。エントリーシートに嘘はないか，内定を出したら本当に入社するか

内定
・拘束や指示：他社辞退

世の中にはまだまだ知らない業界がたくさんある。できるだけたくさんの企業を見て，自分の興味があるところを探そう

総合職A 2016卒

エントリーシート

・形式：採用ホームページから記入
・内容：「野村證券に入ってどのような活躍がしたいか」「最近の気になるニュースについて」など

セミナー

・選考とは無関係
・服装：リクルートスーツ
・内容：「業界の説明」「企業の説明」「社員との質疑応答」など

筆記試験

・形式：Webテスト
・科目：数学，国語，性格テストなど

面接（個人・集団）

・回数：3回

内定

・拘束や指示：就活を辞めることを指示
・タイミング：予定より早い

面接で聞かれそうな内容は，事前に練習しておくに越したことはないと思う。詰まらずに話せるようにしておこう

総合職B 2016卒

エントリーシート

・形式：採用ホームページから記入
・内容：「ニュース」「生き方について」など

セミナー

・選考とは無関係
・服装：リクルートスーツ
・内容：「社員との懇談会」「業務内容の説明」「女性向けのセミナー」など

筆記試験

・形式：Webテスト
・科目：数学，国語など

面接（個人・集団）

・質問内容：「学生時代力を入れたこと」「志望動機」「気になる経済ニュース」「どんな社員になりたいか」「野村のイメージは」「諦めるときとはどんなときか」など

内定

・拘束や指示：他の会社をを辞退するように指示

✔ 有価証券報告書の読み方

01 部分的に読み解くことからスタートしよう

「有価証券報告書（以下，有報）」という名前を聞いたことがある人も少なくはないだろう。しかし，実際に中身を見たことがある人は決して多くはないのではないだろうか。有報とは上場企業が年に1度作成する，企業内容に関する開示資料のことをいう。開示項目には決算情報や事業内容について，従業員の状況等について記載されており，誰でも自由に見ることができる。

一般的に有報は，証券会社や銀行の職員，または投資家などがこれを読み込み，その後の戦略を立てるのに活用しているイメージだろう。その認識は間違いではないが，だからといって就活に役に立たないというわけではない。就活を有利に進める上で，お得な情報がふんだんに含まれているのだ。ではどの部分が役に立つのか，実際に解説していく。

■有価証券報告書の開示内容

では実際に，有報の開示内容を見てみよう。

有価証券報告書の開示内容
第一部【企業情報】
第1　【企業の概況】
第2　【事業の状況】
第3　【設備の状況】
第4　【提出会社の状況】
第5　【経理の状況】
第6　【提出会社の株式事務の概要】
第7　【提出会社の状参考情報】
第二部【提出会社の保証会社等の情報】
第1　【保証会社情報】
第2　【保証会社以外の会社の情報】
第3　【指数等の情報】

有報は記載項目が統一されているため，どの会社に関しても同じ内容で書かれている。このうち就活において必要な情報が記載されているのは，第一部の第1【企業の概況】～第5【経理の状況】まで，それ以降は無視してしまってかまわない。

02 企業の概況の注目ポイント

第1【企業の概況】には役立つ情報が満載。そんな中，最初に注目したいのは，冒頭に記載されている【主要な経営指標等の推移】の表だ。

回次		第25期	第26期	第27期	第28期	第29期
決算年月		平成24年3月	平成25年3月	平成26年3月	平成27年3月	平成28年3月
営業収益	(百万円)	2,532,173	2,671,822	2,702,916	2,756,165	2,867,199
経常利益	(百万円)	272,182	317,487	332,518	361,977	428,902
親会社株主に帰属する当期純利益	(百万円)	108,737	175,384	199,939	180,397	245,309
包括利益	(百万円)	109,304	197,739	214,632	229,292	217,419
純資産額	(百万円)	1,890,633	2,048,192	2,199,357	2,304,976	2,462,537
総資産額	(百万円)	7,060,409	7,223,204	7,428,303	7,605,690	7,789,762
1株当たり純資産額	(円)	4,738.51	5,135.76	5,529.40	5,818.19	6,232.40
1株当たり当期純利益	(円)	274.89	443.70	506.77	458.95	625.82
潜在株式調整後1株当たり当期純利益	(円)	—	—	—	—	—
自己資本比率	(%)	26.5	28.1	29.4	30.1	31.4
自己資本利益率	(%)	5.9	9.0	9.5	8.1	10.4
株価収益率	(倍)	19.0	17.4	15.0	21.0	15.5
営業活動によるキャッシュ・フロー	(百万円)	558,650	588,529	562,763	622,762	673,109
投資活動によるキャッシュ・フロー	(百万円)	△370,684	△465,951	△474,697	△476,844	△499,575
財務活動によるキャッシュ・フロー	(百万円)	△152,428	△101,151	△91,367	△86,636	△110,265
現金及び現金同等物の期末残高	(百万円)	167,525	189,262	186,057	245,170	307,809
従業員数[ほか、臨時従業員数]	(人)	71,729[27,746]	73,017[27,312]	73,551[27,736]	73,329[27,313]	73,053[26,147]

見慣れない単語が続くが，そう難しく考える必要はない。特に注意してほしいのが，**営業収益**，**経常利益**の二つ。営業収益とはいわゆる**総売上額**のことであり，これが企業の本業を指す。その営業収益から営業費用（営業費（販売費＋一般管理費）＋売上原価）を差し引いたものが**営業利益**となる。会社の業種はなんであれ，モノを顧客に販売した合計値が営業収益であり，その営業収益から人件費や家賃，広告宣伝費などを差し引いたものが営業利益と覚えておこう。対して経常利益は営業利益から本業以外の損益を差し引いたもの。いわゆる金利による収益や不動産収入などがこれにあたり，本業以外でその会社がどの程度の力をもっているかをはかる絶好の指標となる。

■会社のアウトラインを知れる情報が続く。

　この主要な経営指標の推移の表につづいて，「会社の沿革」，「事業の内容」，「関係会社の状況」「従業員の状況」などが記載されている。自分が試験を受ける企業のことを，より深く知っておくにこしたことはない。会社がどのように発展してきたのか，主としている事業はどのようなものがあるのか，従業員数や平均年齢はどれくらいなのか，志望動機などを作成する際に役立ててほしい。

03 事業の状況の注目ポイント

　第2となる【事業の状況】において，最重要となるのは**業績等の概要**といえる。ここでは1年間における収益の増減の理由が文章で記載されている。「○○という商品が好調に推移したため，売上高は△△になりました」といった情報が，比較的易しい文章で書かれている。もちろん，損失が出た場合に関しても包み隠さず記載してあるので，その会社の1年間の動向を知るための格好の資料となる。

　また，業績については各事業ごとに細かく別れて記載してある。例えば鉄道会社ならば，①運輸業，②駅スペース活用事業，③ショッピング・オフィス事業，④その他といった具合だ。**どのサービス・商品がどの程度の売上を出したのか**，会社の持つ展望として，今後**どの事業をより活性化**していくつもりなのか，などを意識しながら読み進めるとよいだろう。

■「対処すべき課題」と「事業等のリスク」

　業績等の概要と同様に重要となるのが，「**対処すべき課題**」と「**事業等のリスク**」の2項目といえる。ここで読み解きたいのは，その会社の**今後の伸びしろ**について。いま，会社はどのような状況にあって，どのような課題を抱えているのか。また，その課題に対して取られている対策の具体的な内容などから経営方針などを読み解くことができる。リスクに関しては法改正や安全面，他の企業の参入状況など，会社にとって決してプラスとは言えない情報もつつみ隠さず記載してある。客観的にその会社を再評価する意味でも，ぜひ目を通していただきたい。

　次代を担う就活生にとって，ここの情報はアピールポイントとして組み立てやすい。「新事業の○○の発展に際して……」，「御社が抱える●●というリスクに対して……」などという発言を面接時にできれば，面接官の心証も変わってくるはずだ。

最後に注目したいのが，第5【経理の状況】だ。ここでは，簡単にいえば【主要な経営指標等の推移】の表をより細分化した表が多く記載されている。ここの情報をすべて理解するのは，簿記の知識がないと難しい。しかし，そういった知識があまりなくても，読み解ける情報は数多くある。例えば**損益計算書**などがそれに当たる。

連結損益計算書

（単位：百万円）

	前連結会計年度 （自 平成26年4月1日 至 平成27年3月31日）	当連結会計年度 （自 平成27年4月1日 至 平成28年3月31日）
営業収益	2,756,165	2,867,199
営業費		
運輸業等営業費及び売上原価	1,806,181	1,841,025
販売費及び一般管理費	※1 522,462	※1 538,352
営業費合計	2,328,643	2,379,378
営業利益	427,521	487,821
営業外収益		
受取利息	152	214
受取配当金	3,602	3,703
物品売却益	1,438	998
受取保険金及び配当金	8,203	10,067
持分法による投資利益	3,134	2,565
雑収入	4,326	4,067
営業外収益合計	20,858	21,616
営業外費用		
支払利息	81,961	76,332
物品売却損	350	294
雑支出	4,090	3,908
営業外費用合計	86,403	80,535
経常利益	361,977	428,902
特別利益		
固定資産売却益	※4 1,211	※4 838
工事負担金等受入額	※5 59,205	※5 24,487
投資有価証券売却益	1,269	4,473
その他	5,016	6,921
特別利益合計	66,703	36,721
特別損失		
固定資産売却損	※6 2,088	※6 1,102
固定資産除却損	※7 3,957	※7 5,105
工事負担金等圧縮額	※8 54,253	※8 18,346
減損損失	※9 12,738	※9 12,297
耐震補強重点対策関連費用	8,906	10,288
災害損失引当金繰入額	1,306	25,085
その他	30,128	8,537
特別損失合計	113,379	80,763
税金等調整前当期純利益	315,300	384,860
法人税、住民税及び事業税	107,540	128,972
法人税等調整額	26,202	9,326
法人税等合計	133,742	138,298
当期純利益	181,558	246,561
非支配株主に帰属する当期純利益	1,160	1,251
親会社株主に帰属する当期純利益	180,397	245,309

　主要な経営指標等の推移で記載されていた**経常利益**の算出する上で必要な営業外収益などについて，詳細に記載されているので，一度目を通しておこう。

　いよいよ次ページからは実際の有報が記載されている。ここで得た情報をもとに有報を確実に読み解き，就職活動を有利に進めよう。

✔ 有価証券報告書

企業の概況

1 主要な経営指標等の推移

（1） 最近5連結会計年度にかかる主要な経営指標等の推移

回次		第115期	第116期	第117期	第118期	第119期
決算年月		2019年3月	2020年3月	2021年3月	2022年3月	2023年3月
収益合計	（百万円）	1,835,118	1,952,482	1,617,235	1,593,999	2,486,726
収益合計 （金融費用控除後）	（百万円）	1,116,770	1,287,829	1,401,872	1,363,890	1,335,577
税引前 当期純利益（△損失）	（百万円）	△37,701	248,261	230,671	226,623	149,474
当社株主に帰属する 当期純利益（△損失）	（百万円）	△100,442	216,998	153,116	142,996	92,786
当社株主に帰属する 包括利益	（百万円）	△70,136	219,943	141,077	309,113	283,267
純資産額	（百万円）	2,680,793	2,731,264	2,756,451	2,972,803	3,224,142
総資産額	（百万円）	40,969,439	43,999,815	42,516,480	43,412,156	47,771,802
1株当たり純資産額	（円）	794.69	873.26	879.79	965.80	1,048.24
1株当たり当社株主に帰属 する当期純利益（△損失）	（円）	△29.90	67.76	50.11	46.68	30.86
希薄化後1株当たり 当社株主に帰属する 当期純利益（△損失）	（円）	△29.92	66.20	48.63	45.23	29.74
自己資本比率	（％）	6.4	6.0	6.3	6.7	6.6
自己資本利益率	（％）	△3.73	8.21	5.73	5.10	3.06
株価収益率	（倍）	−	6.76	11.60	11.04	16.52
営業活動による キャッシュ・フロー	（百万円）	△361,165	△15,943	665,770	△1,368,710	△974,750
投資活動による キャッシュ・フロー	（百万円）	△112,503	216,336	△139,026	△45,301	38,945
財務活動による キャッシュ・フロー	（百万円）	761,191	332,062	△269,927	1,070,715	1,291,697
現金、現金同等物、制限付 き現金および制限付き現金 同等物の期末残高	（百万円）	2,687,132	3,192,310	3,510,011	3,316,408	3,820,852
従業員数 [外、平均臨時従業員数]	（人）	27,864 [4,492]	26,629 [4,313]	26,402 [4,224]	26,585 [4,339]	26,775 [4,420]

> ⓟⓞⓘⓝⓣ **主要な経営指標等の推移**
>
> 数年分の経営指標の推移がコンパクトにまとめられている。見るべき箇所は連結の売上，利益，株主資本比率の3つ。売上と利益は順調に右肩上がりに伸びているか，逆に利益で赤字が続いていたりしないかをチェックする。株主資本比率が高いとリーマンショックなど景気が悪化したときなどでも経営が傾かないという安心感がある。

（注）1　当社および当社の連結子会社（以下「野村」）の経営指標等は，米国において一般に公正妥当と認められた会計原則（以下「米国会計原則」）に基づき記載しております。

2　「純資産額」は米国会計原則に基づく資本合計を使用しております。また，「1株当たり純資産額」，「自己資本比率」および「自己資本利益率」は，米国会計原則に基づく当社株主資本合計を用いて算出しております。

3　消費税および地方消費税の課税取引については，消費税等を含んでおりません。

4　従業員数は一部の有期雇用社員（専任職）を従業員数に含め表示しております。

5　第115期の「株価収益率」は，当期純損失のため記載しておりません。

 沿革

どのように創業したかという経緯から現在までの会社の歴史を年表で知ることができる。過去に行った重要なM&Aなどがいつ行われたのか，ブランド名はいつから使われているのか，いつ頃から海外進出を始めたのか，など確認することができて便利だ。

(2) 提出会社の最近5事業年度にかかる主要な経営指標等の推移 ···············

回次		第115期	第116期	第117期	第118期	第119期
決算年月		2019年3月	2020年3月	2021年3月	2022年3月	2023年3月
営業収益	(百万円)	325,407	348,003	328,625	355,487	472,321
経常利益	(百万円)	95,229	119,658	88,992	114,577	121,963
当期純利益（△損失）	(百万円)	△12,470	281,212	△1,508	176,470	174,264
資本金	(百万円)	594,493	594,493	594,493	594,493	594,493
発行済株式総数	(千株)	3,493,563	3,493,563	3,233,563	3,233,563	3,233,563
純資産額	(百万円)	2,516,921	2,598,561	2,510,710	2,546,193	2,578,102
総資産額	(百万円)	7,080,156	7,535,957	7,891,346	8,985,161	9,514,679
1株当たり純資産額	(円)	760.13	855.09	819.55	843.62	858.21
1株当たり配当額	(円)	6.00	20.00	35.00	22.00	17.00
第1四半期	(円)	—	—	—	—	—
第2四半期	(円)	3.00	15.00	20.00	8.00	5.00
第3四半期	(円)	—	—	—	—	—
期末（第4四半期）	(円)	3.00	5.00	15.00	14.00	12.00
1株当たり当期純利益（△損失）	(円)	△3.71	87.80	△0.49	57.60	57.95
潜在株式調整後1株当たり当期純利益	(円)	—	85.82	—	55.86	55.95
自己資本比率	(%)	35.2	34.3	31.7	28.3	27.1
自己資本利益率	(%)	△0.49	11.08	△0.06	7.00	6.81
株価収益率	(倍)	—	5.33	—	9.22	9.11
配当性向	(%)	—	22.64	4.28	37.98	29.30
自己資本配当率	(%)	0.81	2.46	4.28	2.64	1.98
従業員数	(人)	165	173	154	187	167
［外、平均臨時従業員数］		［ —］	［ —］	［ —］	［ —］	［ —］
株主総利回り	(%)	66.0	78.6	104.4	97.2	99.1
(比較指標：配当込みTOPIX)	(%)	(95.0)	(85.9)	(122.1)	(124.6)	(131.8)
最高株価	(円)	650.0	586.4	721.0	614.8	573.9
最低株価	(円)	393.0	330.7	402.5	460.3	464.3

(注) 1 従業員数は就業人員数を記載しております。

2 株価は東京証券取引所（市場第一部またはプライム市場）におけるものであります。

3 第115期および第117期の潜在株式調整後1株当たり当期純利益は、潜在株式は存在するものの、1株当たり当期純損失であるため記載しておりません。

4 第115期および第117期の株価収益率および配当性向は、当期純損失のため記載しておりません。

1925年12月	・株式会社大阪野村銀行の証券部を分離して，当社設立。
1926年1月	・公社債専門業者として営業開始。（本店：大阪府大阪市）
1927年3月	・ニューヨーク駐在員事務所を設立。
1938年6月	・国内において，株式業務の認可を受ける。
1941年11月	・わが国最初の投資信託業務の認可を受ける。
1946年12月	・当社の本店を東京都に移転。
1948年11月	・国内において，証券取引法に基づく証券業者として登録。
1949年4月	・東京証券取引所正会員となる。
1951年6月	・証券投資信託法に基づく委託会社の免許を受ける。
1960年4月	・野村證券投資信託委託株式会社（1997年10月，野村投資顧問株式会社と合併し社名を野村アセット・マネジメント投信株式会社に変更。2000年11月，野村アセットマネジメント株式会社に社名変更）の設立にともない，証券投資信託の委託業務を営業譲渡。
1961年4月	・香港において，ノムラ・インターナショナル（ホンコン）LIMITEDを証券業現地法人として設立。
1961年10月	・当社の株式を東京証券取引所・大阪証券取引所・名古屋証券取引所に上場。
1964年3月	・ロンドン駐在員事務所を設立。
1965年4月	・当社の調査部を分離独立させて，株式会社野村総合研究所を設立（1988年1月，野村コンピュータシステム株式会社と合併）。
1966年1月	・当社の電子計算部を分離独立させて，株式会社野村電子計算センターを設立（1972年12月，野村コンピュータシステム株式会社に社名変更。1988年1月，株式会社野村総合研究所と合併し社名を株式会社野村総合研究所に変更）。
1968年4月	・改正証券取引法に基づく総合証券会社の免許を受ける。
1969年9月	・アメリカ，ニューヨーク市において，ノムラ・セキュリティーズ・インターナショナルInc.を証券業現地法人として設立。
1981年3月	・イギリス，ロンドン市において，ノムラ・インターナショナルLIMITEDを証券業現地法人として設立（1989年4月，ノムラ・インターナショナルPLCに社名変更）。
1981年7月	・ノムラ・セキュリティーズ・インターナショナルInc.，ニューヨーク証券取引所会員となる。
1989年4月	・アメリカ，ニューヨーク市において，ノムラ・ホールディング・アメリカInc.を米州持株会社として設立。

(point) 事業の内容

会社の事業がどのようにセグメント分けされているか，そして各セグメントではどのようなビジネスを行っているかなどの説明がある。また最後に事業の系統図が載せてあり，本社，取引先，国内外子会社の製品・サービスや部品の流れが分かる。ただセグメントが多いコングロマリットをすぐに理解するのは簡単ではない。

1990年2月	・オランダ，アムステルダム市において，ノムラ・アジア・ホールディングN.V.をアジア持株会社として設立。
1993年8月	・野村信託銀行株式会社設立。
1997年4月	・株式会社野村総合研究所のリサーチ部門を当社に移管し，金融研究所設立。
1998年3月	・イギリス，ロンドン市において，ノムラ・ヨーロッパ・ホールディングズPLCを欧州持株会社として設立。
1998年12月	・改正証券取引法に基づく総合証券会社として登録。
2000年3月	・野村アセット・マネジメント投信株式会社（2000年11月，野村アセットマネジメント株式会社に社名変更）を連結子会社とする。これに伴い株式会社野村総合研究所が持分法適用関連会社となる。
2000年7月	・野村バブコックアンドブラウン株式会社を連結子会社とする。
2001年10月	・会社分割により証券業その他証券取引法に基づき営む業務を野村證券分割準備株式会社に承継させ，持株会社体制に移行。これにともない，社名を野村ホールディングス株式会社に変更（同時に野村證券分割準備株式会社は社名を野村證券株式会社に変更）。
2001年12月	・当社がニューヨーク証券取引所に上場。
2001年12月	・株式会社野村総合研究所が東京証券取引所に上場。
2003年6月	・当社および国内子会社14社が指名委員会等設置会社へ移行。
2004年8月	・野村リアルティ・キャピタル・マネジメント株式会社は，野村土地建物株式会社（以下「野村土地建物」）からファシリティ・マネジメント業務を会社分割により承継し，同時に商号を野村ファシリティーズ株式会社に変更。
2006年3月	・ジョインベスト証券株式会社が証券業登録。
2006年4月	・野村ヘルスケア・サポート＆アドバイザリー株式会社設立。
2007年2月	・インスティネット社を連結子会社とする。
2007年10月	・株式会社プライベート・エクイティ・ファンド・リサーチ・アンド・インベストメンツ設立。
2008年10月	・リーマン・ブラザーズのアジア・パシフィックならびに欧州・中東地域部門の雇用等の承継。
2009年11月	・野村證券株式会社がジョインベスト証券株式会社を吸収合併。
2011年5月	・野村土地建物を連結子会社とする。これにともない，野村不動産ホールディングス株式会社が連結子会社となる。
2013年3月	・野村不動産ホールディングス株式会社を持分法適用会社とする。
2017年4月	・当社の株式管理事業の一部を野村アジアパシフィック・ホールディングス株式会社へ会社分割により承継。これにともない，ノムラ・アジア・ホールディングスN.V.に代わって，野村アジアパシフィック・ホールディングス株式会社がアジア持株会社となる。

(point) **関係会社の状況**

　主に子会社のリストであり，事業内容や親会社との関係についての説明がされている。特に製造業の場合などは子会社の数が多く，すべてを把握することは難しいが，重要な役割を担っている子会社も多くある。有報の他の項目では一度も触れられていない場合が多いので，気になる会社については個別に調べておくことが望ましい。

2018年1月	・マーチャント・バンキング部門を新設し，野村キャピタル・パートナーズ株式会社を設立。
2021年4月	・アセット・マネジメント部門およびマーチャント・バンキング部門を廃止し，インベスト・マネジメント部門を設立。
2022年3月末	・連結子会社等（連結子会社および連結変動持分事業体）の数は1,432社，持分法適用会社数は14社。

3 事業の内容

　当社および当社の連結子会社等（連結子会社および連結変動持分事業体，2023年3月末現在1,432社）の主たる事業は，証券業を中核とする投資・金融サービス業であり，わが国をはじめ世界の主要な金融・資本市場を網羅する営業拠点等を通じ，お客様に対し資金調達，資産運用の両面で幅広いサービスを提供しております。具体的な事業として，有価証券の売買等および売買等の委託の媒介，有価証券の引受けおよび売出し，有価証券の募集および売出しの取扱い，有価証券の私募の取扱い，自己資金投資業，アセット・マネジメント業およびその他の証券業ならびに金融業等を営んでおります。なお持分法適用会社は2023年3月末現在14社であります。

　当社は特定上場会社等であります。特定上場会社等に該当することにより，インサイダー取引規制の重要事実の軽微基準については連結ベースの数値に基づいて判断することとなります。

　また，当社および当社の連結子会社等の業務運営および経営成績の報告は，［第5［経理の状況］1［連結財務諸表等］（1）［連結財務諸表］　［連結財務諸表注記］20　セグメントおよび地域別情報」に記載の事業別セグメントに基づいて行われております。事業別セグメントを構成する主要な関係会社については，以下の企業集団等の事業系統図をご参照ください。

---

point 従業員の状況

　主力セグメントや，これまで会社を支えてきたセグメントの人数が多い傾向があるのは当然のことだろう。上場している大企業であれば平均年齢は40歳前後だ。また労働組合の状況にページが割かれている場合がある。その情報を載せている背景として，労働組合の力が強く，人数を削減しにくい企業体質だということを意味している。

・企業集団等の事業系統図

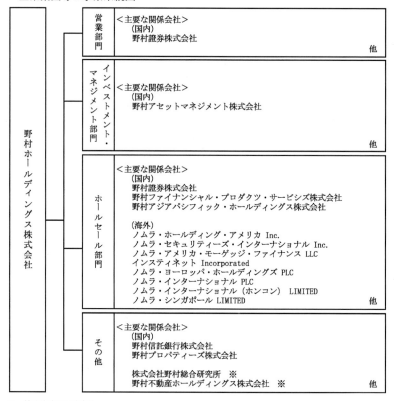

野村ホールディングス株式会社

営業部門
<主要な関係会社>
(国内)
野村證券株式会社
他

インベストメント・マネジメント部門
<主要な関係会社>
(国内)
野村アセットマネジメント株式会社
他

ホールセール部門
<主要な関係会社>
(国内)
野村證券株式会社
野村ファイナンシャル・プロダクツ・サービシズ株式会社
野村アジアパシフィック・ホールディングス株式会社

(海外)
ノムラ・ホールディング・アメリカ Inc.
ノムラ・セキュリティーズ・インターナショナル Inc.
ノムラ・アメリカ・モーゲッジ・ファイナンス LLC
インスティネット Incorporated
ノムラ・ヨーロッパ・ホールディングズ PLC
ノムラ・インターナショナル PLC
ノムラ・インターナショナル（ホンコン）LIMITED
ノムラ・シンガポール LIMITED
他

その他
<主要な関係会社>
(国内)
野村信託銀行株式会社
野村プロパティーズ株式会社

株式会社野村総合研究所　※
野村不動産ホールディングス株式会社　※
他

※　持分法適用関連会社

(point) **業績等の概要**

　この項目では今期の売上や営業利益などの業績がどうだったのか，収益が伸びたあるいは減少した理由は何か，そして伸ばすためにどんなことを行ったかということがセグメントごとに分かる。現在，会社がどのようなビジネスを行っているのか最も分かりやすい箇所だと言える。

名称	住所	資本金または出資金	事業の内容	議決権の所有割合	関係内容
（連結子会社等）					
野村證券株式会社 ※3、5	東京都中央区	百万円 10,000	証券業	100%	金銭の貸借等の取引 有価証券の売買等の取引 設備の賃貸借等の取引 事務代行 コミットメントラインの設定 債務保証 役員の兼任…有
野村アセットマネジメント株式会社	東京都江東区	百万円 17,180	投資信託委託業 投資顧問業	100%	設備の賃貸借等の取引 役員の兼任…無
野村信託銀行株式会社	東京都千代田区	百万円 50,000	銀行業 信託業	100%	金銭の貸借等の取引 設備の賃貸借等の取引 役員の兼任…無
野村バブコックアンドブラウン株式会社	東京都中央区	百万円 1,000	リース関連投資商品組成販売業	100%	金銭の貸借等の取引 設備の賃貸借等の取引 役員の兼任…無
野村キャピタル・インベストメント株式会社	東京都千代田区	百万円 500	金融業	100%	金銭の貸借等の取引 設備の賃貸借等の取引 役員の兼任…無
野村インベスター・リレーションズ株式会社	東京都千代田区	百万円 400	調査コンサルティング業	100%	設備の賃貸借等の取引 役員の兼任…無
野村フィデューシャリー・リサーチ&コンサルティング株式会社	東京都中央区	百万円 400	投資運用業、投資助言・代理業	100%	設備の賃貸借等の取引 役員の兼任…無
野村リサーチ・アンド・アドバイザリー株式会社	東京都千代田区	百万円 400	投資事業組合運営管理業	100%	設備の賃貸借等の取引 役員の兼任…無
野村ビジネスサービス株式会社	東京都江東区	百万円 300	事務サービス業	100%	設備の賃貸借等の取引 役員の兼任…無
野村プロパティーズ株式会社	東京都中央区	百万円 480	不動産賃貸および管理業	100%	店舗等の賃貸借および管理 金銭の貸借等の取引 役員の兼任…無
株式会社野村資本市場研究所	東京都千代田区	百万円 110	研究調査業	100%	設備の賃貸借等の取引 役員の兼任…有
野村ヘルスケア・サポート&アドバイザリー株式会社	東京都千代田区	百万円 150	コンサルティング業	100%	設備の賃貸借等の取引 役員の兼任…無
野村アグリプランニング&アドバイザリー株式会社	東京都千代田区	百万円 150	コンサルティング業	100%	設備の賃貸借等の取引 役員の兼任…無
野村ファイナンシャル・プロダクツ・サービシズ株式会社 ※3	東京都千代田区	百万円 176,775	金融業	100%	金銭の貸借等の取引 設備の賃貸借等の取引 コミットメントラインの設定 債務保証 役員の兼任…無
株式会社野村資産承継研究所	東京都千代田区	百万円 50	研究調査およびコンサルティング業	100%	設備の賃貸借等の取引 役員の兼任…無
野村アジアパシフィック・ホールディングス株式会社	東京都中央区	百万円 10	持株会社	100%	金銭の貸借等の取引 事務代行 役員の兼任…有
野村キャピタル・パートナーズ株式会社	東京都千代田区	百万円 500	投資会社	100%	設備の賃貸借等の取引 役員の兼任…無
野村メザニン・パートナーズ株式会社	東京都千代田区	百万円 250	投資運用業	100%	役員の兼任…無
株式会社コーポレート・デザイン・パートナーズ	東京都千代田区	百万円 100	事務代行業、コンサルティング業	100%	設備の賃貸借等の取引 事務代行 役員の兼任…無
野村かがやき株式会社	東京都江東区	百万円 10	ビルメンテナンス業、事務サービス業	100%	設備の賃貸借等の取引 役員の兼任…無

名称	住所	資本金または出資金	事業の内容	議決権の所有割合	関係内容
ノムラ・ホールディング・アメリカ Inc. ※2	アメリカ、ニューヨーク市	百万米ドル 7,557	持株会社	100%	金銭の貸借等の取引 役員の兼任…有
ノムラ・セキュリティーズ・インターナショナル Inc. ※2、5	アメリカ、ニューヨーク市	百万米ドル 1,300	証券業	100% (100%)	債務保証 役員の兼任…有
ノムラ・コーポレート・リサーチ・アンド・アセット・マネジメント Inc. ※2	アメリカ、ニューヨーク市	百万米ドル 42	投資顧問業 資産運用業	100% (98.7%)	役員の兼任…無
ノムラ・アメリカ・モーゲッジ・ファイナンスLLC ※3	アメリカ、ニューヨーク市	百万米ドル 1,813	持株会社	100% (100%)	役員の兼任…無
ノムラ・グローバル・ファイナンシャル・プロダクツ Inc. ※2	アメリカ、ニューヨーク市	百万米ドル 4,508	金融業	100% (100%)	金銭の貸借等の取引 債務保証 役員の兼任…有
インスティネット Incorporated ※2	アメリカ、ニューヨーク市	百万米ドル 1,352	持株会社	100% (100%)	役員の兼任…有
ノムラ・ヨーロッパ・ホールディングズ PLC ※3	イギリス、ロンドン市	百万米ドル 3,391	持株会社	100%	金銭の貸借等の取引 役員の兼任…無
ノムラ・インターナショナル PLC ※3、5	イギリス、ロンドン市	百万米ドル 3,241	証券業	100% (100%)	金銭の貸借等の取引 設備の賃貸借等の取引 債務保証 役員の兼任…有
ノムラ・バンク・インターナショナル PLC	イギリス、ロンドン市	百万米ドル 255	金融業	100% (100%)	債務保証 役員の兼任…無
バンク・ノムラ・フランス	フランス、パリ市	百万ユーロ 23	証券業 金融業	100% (100%)	役員の兼任…無
ノムラ・バンク・ルクセンブルグ S.A.	ルクセンブルグ、ルクセンブルグ市	百万ユーロ 28	金融業	100% (100%)	役員の兼任…無
ノムラ・バンク（スイス）LTD.	スイス、チューリッヒ市	百万スイスフラン 20	証券業 金融業	100% (100%)	役員の兼任…無
ノムラ・ヨーロッパ・ファイナンス N.V. ※4	オランダ、アムステルダム市	百万ユーロ 51	金融業	100%	金銭の貸借等の取引 債務保証 役員の兼任…無
ノムラ・ヨーロピアン・インベストメント LTD.	イギリス、ロンドン市	百万ポンド 51	持株会社	100%	役員の兼任…無
ノムラ・ファイナンシャル・プロダクツ・ヨーロッパ GmbH	ドイツ、フランクフルト市	百万ユーロ 50	証券業	100% (100%)	債務保証 役員の兼任…無
レーザー・デジタル・グループ・ホールディングス AG	スイス、チューリッヒ市	百万スイスフラン 24	持株会社	100%	金銭の貸借等の取引 役員の兼任…有
ノムラ・インターナショナル（ホンコン）LIMITED ※3	香港	百万円 187,811	証券業	100% (100%)	役員の兼任…無
ノムラ・シンガポール LIMITED	シンガポール、シンガポール市	百万シンガポールドル 239	証券業 金融業	100% (100%)	債務保証 役員の兼任…無
ノムラ・オーストラリア LIMITED	オーストラリア、シドニー市	百万オーストラリアドル 209	証券業	100% (100%)	役員の兼任…無
PTノムラ・セキュリタス・インドネシア	インドネシア、ジャカルタ市	百万インドネシアルピア 250,000	金融業	96.4% (96.4%)	役員の兼任…無
ノムラ・アジア・インベストメント（インド・ボワイ）Pte. Ltd.	シンガポール、シンガポール市	百万円 0.1	持株会社	100%	役員の兼任…無
ノムラ・サービシズ・インディア・プライベート・リミテッド	インド、ムンバイ市	百万インドルピー 895	ITサービス業	100% (100%)	役員の兼任…無

名称	住所	資本金または出資金	事業の内容	議決権の所有割合	関係内容
ノムラ・ファイナンシャル・アドバイザリー・アンド・セキュリティーズ（インド）プライベート・リミテッド	インド、ムンバイ市	百万インドルピー 3,096	証券業 金融業	100% (100%)	役員の兼任…無
ノムラ・アジア・インベストメント（フィクスト・インカム）Pte. Ltd.	シンガポール、シンガポール市	百万円 3,241	持株会社	100% (100%)	役員の兼任…無
ノムラ・アジア・インベストメント（シンガポール）Pte. Ltd.	シンガポール、シンガポール市	百万円 5,189	持株会社	100% (100%)	役員の兼任…無
ノムラ・インターナショナル・ファンディング Pte. Ltd.	シンガポール、シンガポール市	百万米ドル 450	金融業	100%	債務保証 役員の兼任…無
ノムラ・セキュリティーズ・シンガポール Pte. Ltd.	シンガポール、シンガポール市	百万シンガポールドル 50	証券業	100% (100%)	役員の兼任…無
野村東方国際証券有限公司	中華人民共和国、上海市	百万元 2,000	証券業	51.0%	役員の兼任…無
その他　1,384社 ※4、6					
（持分法適用会社）					
株式会社野村総合研究所 ※4	東京都千代田区	百万円 23,644	情報サービス業	22.3% (11.4%)	情報システムに関する業務委託 設備の賃貸借等の取引 役員の兼任…無
野村不動産ホールディングス株式会社 ※4	東京都新宿区	百万円 119,054	持株会社	37.5% (0.2%)	役員の兼任…無
その他 12社					

(注)　1　資本金または出資金は，各関係会社の会計通貨により表示しております。また当社の議決権所有割合の（　）内は，内数表示の間接所有割合であります。

※2　資本金がゼロまたは名目的な金額であるため，資本金または出資金として，資本金相当額に加え資本準備金相当額を含んだ額を開示しております。各関係会社の資本金相当額は次のとおりです。

 ノムラ・ホールディング・アメリカ　Inc.ゼロ

 ノムラ・セキュリティーズ・インターナショナル Inc.　ゼロ

 ノムラ・コーポレート・リサーチ・アンド・アセット・マネジメント Inc.　ゼロ

 ノムラ・グローバル・ファイナンシャル・プロダクツ Inc.　ゼロ

 インスティネット Incorporated　2千75米ドル

※3　特定子会社に該当します。

※4　有価証券報告書提出会社であります。なお，その他に含まれる会社のうち有価証券報告書を提出している会社は次のとおりであります。

 ＜連結子会社等＞　株式会社杉村倉庫

※5　収益合計（連結会社間の内部収益を除く）の連結収益合計に占める割合が10%を超えております連結子会社の主要な損益情報等は以下のとおりであります。

 ・野村證券株式会社

収益合計	587,186 百万円
収益合計（金融費用控除後）	488,777 百万円
税引前当期純利益	48,875 百万円
当期純利益	33,557 百万円

純資産額	585,287 百万円
総資産額	14,373,239 百万円

・ノムラ・セキュリティーズ・インターナショナル Inc.

収益合計	767,545 百万円
収益合計（金融費用控除後）	129,063 百万円
税引前当期純損失	5,776 百万円
当期純損失	5,897 百万円
純資産額	230,536 百万円
総資産額	16,020,444 百万円

・ノムラ・インターナショナル PLC

収益合計	470,372 百万円
収益合計（金融費用控除後）	99,550 百万円
税引前当期純損失	2,045 百万円
当期純損失	1,043 百万円
純資産額	705,742 百万円
総資産額	20,383,345 百万円

※6　社数には，日本において一般に公正妥当と認められた会計原則において子会社には該当しない連結変動持分事業体の社数を含んでおります。

5　従業員の状況

（1）　連結会社の状況

	従業員数（人）
連結会社合計	26,775〔4,420〕

(注) 1　野村の事業セグメントは，営業部門，インベストメント・マネジメント部門，ホールセール部門の3部門およびその他であります。当社および国内子会社における事業セグメント別の従業員数は，営業部門7,799人，インベストメント・マネジメント部門1,093人，ホールセール部門1,646人，その他4,593人であります。海外子会社の従業員数は11,644人であり，主にホールセール部門に所属しております。

　　　 2　従業員数は就業人員であり，臨時従業員数は〔　〕内に年間の平均人員を外数で記載しております。

（2）　提出会社の状況

2023年3月31日現在

従業員数（人）	平均年齢	平均勤続年数	平均年間給与（円）
167〔－〕	44歳1月	4年5月	14,372,118

(注) 1　当社の従業員は事業セグメントのうち，主にその他に所属しております。

　　　 2　従業員数は就業人員であり，臨時従業員数は〔　〕内に年間の平均人員を外数で記載しております。

　　　 3　上記のほか，野村證券株式会社等との兼務者が541人おります。

　　　 4　平均年間給与は，賞与および基準外賃金を含んでおります。

（3）　労働組合の状況

該当事項はありません。

1 経営方針，経営環境及び対処すべき課題等

　以下に記載の将来に関する事項は，有価証券報告書提出日現在において判断したものです。

(1) 経営の基本方針

① 経営の基本方針

　当社は，取締役会で策定する経営の基本方針の中で下記のとおり定めております。

［経営目標］

野村グループは，社会からの信頼および株主・顧客をはじめとしたステークホルダーの満足度の向上を通じて企業価値を高めることを経営目標とする。『グローバル金融サービス・グループ』として国内外の顧客に付加価値の高いソリューションを提供するとともに，当グループに課せられた社会的使命を踏まえて経済の成長や社会の発展に貢献していく。企業価値の向上にあたっては，経営指標として自己資本利益率（ROE）を用い，ビジネスの持続的な変革を図るものとする。

［グループ経営の基本観］

(1)新たな事業領域におけるビジネスの拡大をいち早く実現することにより，自ら新しい成長モデルを構築する。また，的確なコスト・コントロールおよびリスク・マネジメントにより，市場環境に左右されにくい収益構造を実現する。

(2)顧客やマーケットの声に真摯に耳を傾け，ビジネスの可能性を広く捉えながら，金融・資本市場を通じた付加価値の高い問題解決策を顧客に提供し，あらゆる投資に関して最高のサービスを提供する会社を目指す。

(3)法令・諸規則の遵守と適正な企業行動を重視し，日々の業務執行においてコンプライアンスおよびコンダクト・リスク管理を実践する。野村グループ各社は，顧客の利益を尊重し，業務に関する諸規制を遵守する。

(4)経営に対する実効性の高い監督機能の確保および経営の透明性の向上に努める。

⑸事業活動を通じて証券市場の拡大に貢献するとともに，企業市民として，経済・証券に関する教育機会の提供を中心とした社会貢献活動に積極的に取り組む。

当社は，この経営目標を基礎としつつ，下記の経営ビジョンを定めています。

② 経営ビジョン

当社がグループとして取り組んでいる多様なビジネスは，お客様をはじめとしたすべてのステークホルダーの皆様からの信頼の上になりたっており，当社の企業価値の向上と社会全体の持続可能な成長は同じ道の上にあると考えております。このことから，当社は，「社会課題の解決を通じた持続的成長の実現」を経営ビジョンとしています。

(2) 経営環境

当期においては，ウクライナ紛争勃発などを背景とする一次産品市況高騰，米欧先進地域経済が感染症禍から経済活動を再開するにつれて生じた半導体不足などの供給制約に端を発し，世界的なインフレ加速が生じました。インフレ加速とその長期化に対し，米FRB（連邦準備制度理事会）を中心に主要中央銀行は，急速な金融政策の引き締めを実施しました。主要先進国の国債利回りは，インフレ予想の広がりと金融引き締め継続を織り込んで上昇しました。また，市場金利の急激な上昇に伴うバリュエーション（株式価値評価）の悪化や，金融引き締めによる経済成長抑制懸念などを背景に，主要先進地域株式市場では株価の調整が生じました。

当期の後半には，主要先進地域においてインフレの頭打ち感が生じるとともに，米国の政策金利引き上げ局面が終了するとの期待が生じ，株式市場が持ち直す動きもみられました。「ゼロコロナ政策」といわれる厳格な感染対策を継続してきた中国政府が，2022年末には制限の緩和へと政策を転換し，中国を起点とした世界経済成長の持ち直しに対する期待感も高まりました。

日本では，世界的なインフレ加速と連動してインフレ率が高まる下，海外金利の上昇が国債利回りにも上昇圧力を及ぼし，10年国債利回りに誘導目標と許容変動レンジを設定している日本銀行の長短金利操作（YCC）政策の持続が困難になるとの懸念が高まりました。2022年12月に日銀が10年国債利回りの許容変

動レンジを +/-0.25％ポイントから同0.50％ポイントに拡大したことを更なる政策修正に向けた予兆と一部の市場関係者が解釈したこと，日本国債市場では，2023年4月の日銀総裁交代が政策修正に結び付くとの思惑が根強く，日銀の政策期待を背景とした利回り上昇圧力が継続しました。国内外におけるインフレ格差と，それを反映した金融政策の乖離は，為替レートの大幅な円安化をもたらし，2022年10月にかけドル円レートは一時1ドル＝151円台に達しました。

(3)　対処すべき課題

　野村グループを取り巻く経営環境は大きな変化の只中にあります。引き続き，適正な財務基盤の維持と，資本効率の改善等を通じた経営資源の有効活用を図りながら，機動的に対応してまいります。また，現状に満足せず，既存ビジネスの拡大とお客様へのさらなる付加価値の提供を目指し，常に新たな取組みも実践します。

①　中長期の優先課題

　「野村を今立っている場所とは違うところ，次のステージに進める」という考えのもと，その実現に向けた戦略の1つとして「パブリックに加え，プライベート領域への拡大・強化」を打ち出しました。「顧客基盤の拡大」「商品・サービスの拡充」および「デジタルを活用したデリバリー」，これら3つの軸に関連したさまざまな施策を通して，一人ひとりのお客様にカスタマイズされた「プライベート，あなただけのため」のサービス・ソリューションの提供を強化していきます。この戦略に基づき，たとえば，下記のような取組みで成果が見え始めています。なお，ビジネスの各部門の取組みについては，各部門の課題，取組みもご参照ください。

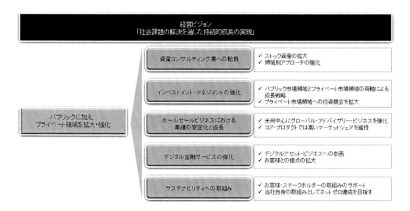

i　資産コンサルティング業への転換

　国内の個人のお客様に対しては，資産コンサルティング業への転換を進めています。中長期的な観点でお客様にベストと思われる資産コンサルティングをご提供し，お客様が資産を増やすサポートをさせていただき，預り残高を増やすことで結果として私たちがいただくフィー収入を増やすことを目指しています。

　お預かりした資産に対し運用管理費用等の手数料を頂戴する投資信託などのストック資産に基づく収入が着実に拡大することで，収益構造の安定化に寄与しています。

　多様化するお客様のニーズに的確にお応えするため，お客様の属性やニーズに沿ったセグメンテーションの下，お客様の属性に合わせてパートナー（営業担当者）を配置し，各領域におけるソリューションを提供する領域別のアプローチを強化しています。

　加えて，職域ビジネスの強化や地域金融機関との包括提携によるアライアンスを通じたビジネスの広がりにより，顧客基盤の拡大を図っていきます。

ii　インベストメント・マネジメントの強化

　経営戦略として掲げている「パブリックに加え，プライベート領域への拡大・強化」の一環として，多様化するお客様の運用ニーズに応えることを目的に，2021年4月インベストメント・マネジメント（IM）部門を設立しました。同部門では，伝統的な運用商品を強化・拡大すると同時に，オルタナティブ資産などプ

ライベート領域への投資機会の提供を目指しています。

　部門設立以来，国内では未上場株に投資する投資法人や事業承継のための株式取得ファンド（サーチファンド），私募不動産ファンド，海外ではプライベート・クレジットファンドや森林資源ファンドなど，プライベート領域での投資機会を拡張してきました。また，米国非上場REIT（不動産投資信託）に投資する公募投資信託を設定し，国内の個人投資家にも投資いただいています。幅広いプライベート資産の領域に挑戦し，投資家の方々が投資しやすい環境を整えることが野村の使命と考えています。

ⅲ　ホールセールビジネスにおける業績の安定化と成長

　ホールセールビジネスでは，コア・プロダクトでは高いマーケットシェアを維持しつつ，収益源の多様化を図っています。また，流動性の供給やお客様へのソリューション提供を行っていきます。

　M&Aアドバイザリー等の資本負荷の低いオリジネーション・ビジネスについては，米州を起点にグローバルにビジネスを拡大しています。特に，米州では，サステナブル・テクノロジーとインフラストラクチャーの分野において高いプレゼンスを持つ「グリーンテック・キャピタル」を買収し，2020年4月より「ノムラ・グリーンテック」として運営しています。野村が持つグローバルな顧客基盤に対してファイナンス等のソリューションをシームレスに提供していきます。

　また，市場変動の影響を受けにくいソリューションビジネスについては，インフラ・ファイナンスやファンド向けファイナンス等のストラクチャード・ファイナンスで実績を積み上げています。

ⅳ　デジタル金融サービスの強化

　デジタル化への取組みは，今後の金融機関の競争力に直結するものであり，お客様へ利便性の高いサービスを提供し，多様化するニーズにお応えするため，引き続きグループ戦略に基づき幅広い取組みを推進していきます。また，デジタル化が進展した世界においても，人材は野村グループの生み出す付加価値の源泉であると捉え，対面と非対面を駆使したコンサルティング能力など，これからの時代に求められる資質を備えた人材の育成を強化していきます。加えて，2022年4月には，海外を含む野村グループ内におけるデジタル分野の協業を一層強化する

とともに，注力領域のさらなる取組み強化を企図し，「デジタル・カンパニー」を設立しました。デジタル化の推進における個別の取組み状況は下記のとおりです。

・業務の効率化・高度化

　デジタル化による社内業務の自動化・効率化により，より付加価値の高い分析・アドバイザリー業務に注力することができるよう取り組んでいます。また既存サービスを改善することにより，満足度の高いコミュニケーション手法を活用した，当社のサービスの提供を目指しています。加えて，当社では，「デジタルIQ」という社員のデジタルに関する知識習得をサポートするオンラインプログラムを実施しており，グループ全体の基礎となるデジタル知識の向上を目指しています。なお，人材育成におけるデジタル化の取組みについては，「第2［事業の状況］2［サステナビリティに関する考え方及び取組］(5) 野村の人的資本に関する戦略」の項目もご参照ください。

・顧客接点のデジタル化

　営業部門においては，独自の営業支援システム「リモート相談」を活用しています。また資産管理アプリ

「OneStock」，投資情報アプリ「FiNTOS!」などの活用を拡充することで従来十分なアプローチができていなかった若年層や働く世代のお客様に野村のサービスをお届けするためのプラットフォームを構築していきます。

・デジタルアセット・ビジネスへの参画

　新領域におけるビジネス創出にも取り組んでいます。2022年9月にデジタル・アセット関連のサービスを行う子会社，Laser Digital Holdings AG をスイス連邦に設立しました。セカンダリー・トレーディング，ベンチャー・キャピタル，投資商品の3つの分野にフォーカスし，今後新しいサービスや商品群を段階的にローンチしていくことを目指します。

ｖ　サステナビリティへの取組み

　「第2［事業の状況］2［サステナビリティに関する考え方及び取組］」の項目をご参照ください。

②　部門別の課題

　各部門の課題，取組みは以下のとおりです。

[営業部門]

　営業部門においては，「お客様の資産の悩みに応えて，お客様を豊かにする」という基本観のもと，多くの人々に必要とされる金融機関を目指しております。今後は，資産承継や老後資金の不足に対する不安など，多様化する資産の悩みに的確に応えるため，パートナー（営業担当者）のスキルアップを継続して図るとともに，幅広い商品・サービスの充実に努めます。また多くのお客様にご利用いただけるオンラインサービスの拡充と，コンタクトセンター等を通じたリモートコンサルティング体制の強化を進めてまいります。

[インベストメント・マネジメント部門]

　インベストメント・マネジメント部門は，広義のアセット・マネジメント・ビジネスにおいて，多様化するお客様の運用ニーズに応える商品・サービスの提供を担っています。株式・債券などの伝統的資産からプライベート・エクイティなどのオルタナティブ資産まで，グループ内の専門性を融合し付加価値を向上させることで，お客様の多様なニーズに対応する高度なサービスとソリューションを提供します。パブリック領域においては，運用能力の強化を通じた運用パフォーマンスの改善や運用戦略の拡張，運用ソリューション提供の高度化を目指します。プライベート領域においては，運用ビジネスのスケール化，不動産やインフラなどリアルアセット運用への進出，日本国外におけるプライベート・アセット運用事業の本格化に取り組んでいます。運用報酬率に下方圧力が継続する中，ビジネスの高付加価値化と適切なコスト管理を追求するとともに，プライベート領域を中心とした成長分野への投資を拡大しています。

[ホールセール部門]

　ホールセール部門においては，お客様のニーズのさらなる高度化やテクノロジーの発展に加えて，不透明なマーケットおよびマクロ環境などが我々のビジネスに影響を及ぼす可能性があります。引き続きお客様へ高度なサービスと付加価値を提供し続けるために，各ビジネスライン，国内外および他部門との連携を強化し，しっかりとリスクコントロールを行ってまいります。ビジネスの領域を広げるとともに成長の見込まれる分野に効率的に財務リソースを活用していきます。

　グローバル・マーケッツでは，リスク管理の強化を図りながらお客様に流動性

の提供を継続してまいります。また，ビジネス・ポートフォリオの多角化とグローバル連携の強化を行い，ストラクチャード・ファイナンスやソリューションビジネス，およびインターナショナルウェルスマネジメントなどの成長分野における収益機会の追求，そしてエクイティビジネスの拡大，フローマクロビジネスの強化をさらに推し進めてまいります。

一方，インベストメント・バンキングでは，事業環境の変化にともないお客様のビジネス活動やニーズが変化する中，国内外で業界再編・事業再編に関するアドバイザリーや資金調達，またそれらの取引に付随する金利・為替ビジネスなどのソリューションビジネスの提供に努めてまいります。グローバルにアドバイザリー・ビジネスの拡大に注力するとともに，ノムラ・グリーンテックの知見のさらなる活用，サステナブル・ファイナンスの体制拡充などにより，ESG関連ビジネスへの取組みを強化していきます。

[リスク・マネジメント，コンプライアンスなど]

野村グループでは，経営戦略の目的と事業計画を達成するために許容するリスクの種類と水準をリスク・アペタイトとして定め，それをリスク・アペタイト・ステートメントとして文書化しています。その上で，事業戦略に合致し，適切な経営判断に資するリスク管理体制を継続的に拡充していくことにより，財務の健全性の確保および企業価値の向上に努めています。

野村グループでは，リスク・アペタイト・ステートメントにおいて，3つの防衛線による管理体制の下，すべての役職員が自らの役割を認識し，能動的にリスク管理に取り組むことを明記しています。またグループ会社を含む役職員への継続的な研修の実施等を通じ，金融のプロフェッショナルとしてリスクに関する知識を深め，リスクを正しく認識・評価し，管理する企業文化，すなわちリスク・カルチャーの醸成に努めています。詳細は「第4［提出会社の状況］4［コーポレート・ガバナンスの状況等］(1)［コーポレート・ガバナンスの概要］リスク管理体制の整備」をご参照ください。

コンプライアンスの観点からは，野村グループがビジネスを展開している各国の法令諸規則を遵守するための管理体制の整備に引き続き取り組むとともに，すべての役職員がより高い倫理観を持って自律的に業務に取り組めるよう社内の制

度やルールの見直しを継続的に実施しております。

　また野村グループでは，法令諸規則の遵守にとどまらず，すべての役職員が社会規範に沿った行動ができるよう，野村グループの一員として取るべき行動の指針として「野村グループ行動規範」を策定し，研修その他の施策を通して，行動規範に基づく適正な行為（以下「コンダクト」）を推進する取組みを日々進めております。毎年8月の「野村『創業理念と企業倫理』の日」では，全社で過去の不祥事からの教訓を再認識し，再発防止と社会およびお客様からの信頼の維持・獲得に向けて決意を新たにする取組みとして，過去の不祥事を振り返ったうえでの適正なコンダクトの在り方に関するディスカッション，行動規範を遵守することへの宣誓を行っております。行動規範は，刻々と変化する社会の要請に継続して応えていくため，私たちの考え方が社会の常識からずれていないか常に見つめ直し，定期的に見直すこととしています。

　以上の課題に対処し，解決することを通じて，金融・資本市場の安定とさらなる発展とともに，野村グループの持続的な成長に尽力してまいります。

2　事業等のリスク

　投資判断をされる前に以下に述べるリスクについて十分にご検討ください。以下に述べるリスクのいずれかが実際に生じた場合，野村のビジネスや財政状態，経営成績およびキャッシュ・フローの状況に影響を及ぼす可能性があります。その場合，野村の株式の市場価格が下落し，投資家の皆さまが投資額の全部または一部を失う可能性があります。また，以下に述べられたリスク以外にも，現時点では確認できていない追加的なリスクや現在は重要でないと考えられているリスクも野村に影響を与え，皆さまの投資に影響を与える可能性があります。本項においては，将来に関する事項が含まれておりますが，当該事項は，別段の記載のない限り，本有価証券報告書提出日現在において判断したものです。

目次

経営環境に関するリスク

1. **野村のビジネスは日本経済および世界経済の情勢および金融市場の動向により重大な影響を受ける可能性があります**

（1） 野村がビジネスを行う国・地域における政府・金融当局による政策の変更が，野村のビジネス，財政状態または経営成績に影響を与える可能性があります

（2） 市場低迷の長期化や市場参加者の減少が流動性を低下させ，大きな損失が生じる可能性があります

（3） 自然災害，テロ，武力紛争，感染症等により野村のビジネスに悪影響が及ぶ可能性があります

（4） 新型コロナウイルスの流行により，野村のビジネスに悪影響が及ぶ可能性があります

（5） 米ドルLIBOR（ロンドン銀行間取引金利）から代替金利指標への移行等が，野村のビジネスに不利に影響する可能性があります

2. **金融業界は激しい競争に晒されています**

（1） 他の金融機関や非金融企業の金融サービス等との競争が激化しています

（2） 金融グループの統合・再編，各種業務提携や連携の進展により競争が激化しています

（3） 野村の海外ビジネスは激しい競争に晒されており，ビジネス・モデルの更なる見直しが必要となる可能性があります

3. **市場リスクや資金流動性リスクだけではなく，イベント・リスクも野村のトレーディング資産や投資資産に損失を生じさせる可能性があります**

4. **気候変動やそれに関わる各国の政策変更などを含む，「Environment（環境）」「Social（社会）」「Governance（企業統治）」の要素が当社の事業に影響を及ぼす可能性があります**

事業に関するリスク

5. **野村のビジネスは業務遂行にあたってさまざまな要因により損失を生じる可**

 対処すべき課題

有報のなかで最も重要であり注目すべき項目。今，事業のなかで何かしら問題があればそれに対してどんな対策があるのか，上手くいっている部分をどう伸ばしていくのかなどの重要なヒントを得ることができる。また今後の成長に向けた技術開発の方向性や，新規事業の戦略についての理解を深めることができる。

能性があります

（1）　トレーディングや投資活動から大きな損失を被る可能性があります

（2）　証券やその他の資産に大口かつ集中的なポジションを保有することによって，野村は大きな損失を被る可能性があります

（3）　ヘッジ戦略により損失を回避できない場合があります

（4）　野村のリスク管理方針や手続きがリスクの管理において十分に効果を発揮しない場合があります

（5）　市場リスクによって，その他のリスクが増加する可能性があります

（6）　野村の仲介手数料やアセット・マネジメント業務からの収入が減少する可能性があります

（7）　野村の投資銀行業務からの収入が減少する可能性があります

（8）　野村の電子取引業務からの収入が減少する可能性があります

6.　野村に債務を負担する第三者がその債務を履行しない結果，損失を被る可能性があります

（1）　大手金融機関の破綻が金融市場全般に影響を与え，野村に影響を及ぼす可能性があります

（2）　野村の信用リスクに関する情報の正確性，また信用リスク削減のために受け入れている担保の十分性については，必ずしも保証されたものではありません

（3）　野村の顧客や取引相手が政治的・経済的理由から野村に対する債務を履行できない可能性があります

7.　モデルに誤りがある場合，またはモデルを不正確若しくは不適切に使用した場合，意思決定を誤り，財務的損失を被る可能性や，顧客からの信頼低下を招く可能性があります

8.　当社は持株会社であり，当社の子会社からの支払に依存しています

9.　投資持分証券・トレーディング目的以外の負債証券について野村が期待する収益を実現できない可能性があります

10.　野村が提供したキャッシュ・リザーブ・ファンドや債券に損失が生じることで顧客資産が流出する可能性があります

財務に関するリスク

11. 連結財務諸表に計上されているのれんおよび有形・無形資産にかかる減損が認識される可能性があります

12. 資金流動性リスクの顕在化によって野村の資金調達能力が損なわれ，野村の財政状態が悪化する可能性があります

(1) 野村が無担保あるいは有担保での資金調達ができなくなる場合があります

(2) 野村が資産を売却できなくなる可能性があります

(3) 信用格付の低下により，野村の資金調達能力が損なわれる可能性があります

13. 連結財務諸表に計上されている関連会社およびその他の持分法投資先の株価が一定期間以上大幅に下落した場合には減損が認識される可能性があります

非財務リスク

14. オペレーショナル・リスクの顕在化により，野村のビジネスに悪影響が及ぶ可能性があります

15. 役職員または第三者による不正行為や詐欺により，野村のビジネスに悪影響が及ぶ可能性があります

16. 利益相反を特定し適切に対処することができないことにより，野村のビジネスに悪影響が及ぶ可能性があります

17. 野村のビジネスは，重大なリーガル・リスク，レギュラトリー・リスクおよびレピュテーション・リスクに影響される可能性があります

(1) 市場低迷等を原因とした法的責任の可能性が発生し，野村のビジネス，財政状態および経営成績に影響を及ぼす可能性があります

(2) 規制による業務制限や，行政処分等による損失が発生し，野村のビジネス，財政状態および経営成績に影響を及ぼす可能性があります

(3) 金融システム・金融セクターに対する規制強化の進行が，野村のビジネス，財政状態および経営成績に影響を及ぼす可能性があります

(4) 経営状況，法的規制の変更などにより，繰延税金資産の計上額の見直しが行われ，野村の経営成績および財政状態に影響を及ぼす可能性があります

(point) **事業等のリスク**

「対処すべき課題」の次に重要な項目。新規参入により長期的に価格競争が激しくなり企業の体力が奪われるようなことがあるため，その事業がどの程度参入障壁が高く安定したビジネスなのかなど考えるきっかけになる。また，規制や法律，訴訟なども企業によっては大きな問題になる可能性があるため，注意深く読む必要がある。

(5)　マネー・ローンダリングおよびテロ資金供与に適切に対処できなかった場合には，行政処分や罰金等の対象となる可能性があります

18. **野村の保有する個人情報の漏洩により，野村のビジネスに悪影響が及ぶ可能性があります**

19. **野村の情報システムが適切に稼働しないこと，外部からのサイバー攻撃による情報漏洩または十分なサイバーセキュリティを維持するために必要な費用負担により，野村のビジネス，財政状態および経営成績に悪影響が及ぶ可能性があります**

20. **人材の確保・育成ができないことにより、野村のビジネスに悪影響が及ぶ可能性があります**

経営環境に関するリスク

1. **野村のビジネスは日本経済および世界経済の情勢および金融市場の動向により重大な影響を受ける可能性があります**

　　野村のビジネスや収益は，日本経済および世界経済の情勢ならびに金融市場の動向により影響を受ける可能性があります。また，各国の経済情勢や金融市場の動向は，経済的要因だけではなく，戦争，テロ行為，経済・政治制裁，世界的流行病，地政学的リスクの見通しまたは実際に発生した地政学的イベント，あるいは自然災害などによっても影響を受ける可能性があります。仮に，このような事象が生じた場合，金融市場や経済の低迷が長期化し，野村のビジネスに影響が及ぶとともに，大きな損失が発生する可能性があります。あるいは金融市場に限らず，例えば日本が直面する人口高齢化や人口減少の長期的傾向等の社会情勢は，野村の事業分野，特にリテールビジネスの分野において，需要を継続的に圧迫する可能性があります。なお，野村のビジネス・業務運営に影響を与える金融市場や経済情勢に関するリスクには以下のものが含まれます。

（1）　野村がビジネスを行う国・地域における政府・金融当局による政策の変更が，野村のビジネス，財政状態または経営成績に影響を与える可能性があります

　　野村は，国内外の拠点網を通じて，グローバルにビジネスを展開しています。

したがって，野村がビジネスを行う国・地域において，政府・金融当局が財政および金融その他の政策を変更した場合，野村のビジネス，財政状態または経営成績に影響を与える可能性があります。また，日本を含む多くの主要各国の中央銀行による金融政策が変更され，それにともなう金利や利回りの変動等が進んだ場合，顧客向け運用商品の提供やトレーディング活動または投資活動等に影響を及ぼす可能性があります。例えば，2023年3月期において，米国連邦公開市場委員会が，インフレ対策の一環としてフェデラル・ファンド・レートを複数回引き上げたことにより，米ドル金利が大幅に上昇したほか，米国をはじめとする各国の銀行セクターが混乱し，市場の大きな変動が野村のビジネスや金融業界に広く影響を及ぼしました。

(2) 市場低迷の長期化や市場参加者の減少が流動性を低下させ，大きな損失が生じる可能性があります

市場低迷が長期化すると，野村の業務に関連する市場において取引量が減少し，流動性が低下します。また，規制強化を背景とする金融機関の市場関連業務の縮小も市場の流動性に影響を与えます。この結果，市場において，野村は，自己の保有する資産を売却またはヘッジすることが困難になるほか，当該資産の市場価格が形成されず，自己の保有する資産の時価を認識できない可能性があります。特に店頭デリバティブ等においてはポジションのすべてを適切に解消し，またはヘッジすることができない場合に大きな損失を被る可能性があります。さらに，市場の流動性が低下し，自己の保有するポジションの市場価格が形成されない場合，予期しない損失を生じることがあります。

野村は，これらの市場リスクおよび市場流動性リスク等を日々計測し，事前に設定したリミットを超過する場合は即座の対応をとる等のリスク管理体制を整備しています。

(3) 自然災害，テロ，武力紛争，感染症等により野村のビジネスに悪影響が及ぶ可能性があります

野村は，不測の事態に備えたコンティンジェンシープランの策定や役職員の安否確認訓練などの危機管理訓練を行っております。また実際に不測の事態が生じた際には，対策本部を設置し，役職員やその家族の安否確認，安全確保，被害拡

大の防止，および業務継続態勢を維持するために適切な措置を講じる体制を整えることで，オペレーショナル・レジリエンス（システム障害，サイバー攻撃，自然災害等が発生しても，重要な業務を最低限維持すべき水準において提供し続ける能力）の確保に向けて取り組んでいます。しかしながら，想定を上回る規模の災害，テロ行為または武力紛争，広範囲の感染症の感染拡大等により，必ずしもあらゆる事態に対応できるとは限らず，野村の役職員，施設やシステムが被災し，業務の継続が困難になる可能性があります。また，新型コロナウイルス以外の未知の感染症等により役職員による業務遂行に支障が生じる可能性があります。

(4) 新型コロナウイルスの流行により，野村のビジネスに悪影響が及ぶ可能性があります

2020年から続く新型コロナウイルス感染症の世界的流行とそれにともなう各国政府による感染拡大防止策により，株価の急落・金利の乱高下・ボラティリティの高まり・クレジット・スプレッドの急拡大等の混乱などのリスクが顕在化しました。そのような状況の中，野村では従業員が在宅勤務を行うための環境整備等を通じて，業務継続態勢を整備してまいりました。ワクチン接種の進捗にともない，感染拡大や影響は徐々に収束しておりますが，市場や経済活動，事業環境等への悪影響が継続する場合，野村のビジネス，業績および財政状態に悪影響を及ぼす可能性があります。野村は，今後も社内の危機管理とともに経営環境における関連リスク動向を監視・管理していきます。

(5) 米ドルLIBOR（ロンドン銀行間取引金利）から代替金利指標への移行等が，野村のビジネスに不利に影響する可能性があります

2021年3月5日に英国Financial Conduct Authorityが公表した声明によって，米ドルLIBORは2023年6月末をもって公表停止となる予定です。米ドルLIBORを参照する契約のうち公表停止以降も継続するものは，代替金利指標を参照するよう置き換えるか，フォールバック条項を契約当事者間で公表停止前に予め合意しておくか，いずれかが求められます。これにともなって適用される金利指標の計算方法の変更や，締結される契約や適用される会計処理の変更等により，システムの改修やオペレーションの変更，顧客への情報開示等への対応にかかる追加的な費用やリスクの発生，米ドルLIBORを変動金利として参照するデリバティブ

取引や債券等の価格や価格変動性，市場流動性に影響を与える可能性があり，その結果，野村のビジネス，財政状態および経営成績に重大な影響を与える可能性または取引の相手方や取引関係者との紛争や訴訟等が発生する可能性があります。

2. 金融業界は激しい競争に晒されています

野村のビジネスは激しい競争に晒されており，この状況は今後も続くことが予想されます。野村は，取引執行能力や商品・サービス，イノベーション，評判（レピュテーション），価格など多くの要因において競争しており，特に，仲介業務，引受業務などで激しい価格競争に直面しています。

（1）他の金融機関や非金融企業の金融サービス等との競争が激化しています

金融業界において，野村は多種多様な競合企業との激しい競争に直面しています。日本においては，独立系証券会社や，商業銀行系の証券会社，海外の証券会社と競合しております。その結果，特に，セールス・トレーディング，投資銀行業務，リテールビジネスの分野において，野村のシェアに影響を及ぼしています。上記に加え，近年はオンライン証券会社の台頭の他，デジタライゼーションやデジタル・トランスフォーメーション（DX）と呼ばれる潮流によりフィンテック企業の台頭や非金融企業の金融サービス参入など，従来の業界領域を超え，競争が一層激化の様相を呈しています。野村はこうした競争環境の変化に対応するべく，既に多角的な取組みを始動させています。しかしながら，激化する競争環境において，このような取組みが野村のシェアの維持拡大に効果を発揮できない場合，ビジネス獲得の競争力が低下し，野村のビジネスおよび経営成績に影響が及ぶ可能性があります。

（2）金融グループの統合・再編，各種業務提携や連携の進展により競争が激化しています

金融業界において，金融機関同士の統合・再編が進んでいます。特に，大手の商業銀行，その他幅広い業容を持つ大手金融グループは，その傘下における証券業の設置および獲得ならびに他金融機関との連携に取り組んでいます。これら大手金融グループが，総合的な金融サービスをワンストップで顧客に提供すべく，

グループ内での事業連携を引き続き強化しています。具体的には，ローン，預金，保険，証券ブローカレッジ業務，資産運用業務，投資銀行業務など，グループ内での幅広い種類の商品・サービスの提供を進めており，この結果として金融グループの競争力が野村に対し相対的に高まる可能性があります。また，金融グループは，市場シェアを獲得するために，商業銀行業務その他金融サービスの収入により投資銀行業務や証券ブローカレッジ業務を補う可能性があります。また，グループの垣根を越えた商業銀行と証券業との提携や，昨今では新興企業を含む事業会社との提携等，業態・業界を超えた連携へと広がる傾向も見られ，これらの大手金融グループの事業拡大や提携等による収益力の向上などにより，野村の市場シェアが低下する可能性があります。野村においても戦略的提携や出資，新規事業の立ち上げなど行っていますが，事業戦略の構築・実施が想定通りにいかない場合等には，期待したとおりのシナジーその他の効果を得られない可能性があります。また新たな事業活動，より広範な顧客や取引先との取引，新たな資産クラスや新たな市場に関わることによりリスクが増加する可能性があります。

(3) 野村の海外ビジネスは厳しい環境に立たされており，ビジネス・モデルの更なる見直しが必要となる可能性があります

　海外には多くのビジネスの機会およびそれにともなう競争が存在します。野村は，これらのビジネス機会を有効に活用するため，米国，欧州，アジアなどの重要な海外市場において他金融機関と競合しています。野村は，このような厳しい競争環境に対応するべく取り組んでいますが，2019年3月期においては過去の海外での買収に関連して，81,372百万円ののれん減損を計上しました。野村は，2019年4月以降，ビジネスポートフォリオの見直し，および顧客ビジネスと成長地域への注力を行うべく，ビジネスプラットフォームの再構築に取り組んでおり，2020年に Greentech Capital, LLC（以下「グリーンテック」）を買収したほか，2023年には Capital Nomura Securities Public Company Limited の持分売却を行うなど，オーガニックだけでなくインオーガニックにもビジネスプラットフォームを適宜見直してきました。今後も，競争環境を俯瞰しながらビジネスポートフォリオ全体の見直しは継続し，各種リスクを考慮のうえで戦略を実行していきますが，スピードも意識する必要がある中で想定以上の費用がかさんだり，財務，経

営その他の資源を想定以上に投じたりすることとなった場合などには，野村のビジネスおよび経営成績に悪影響が及ぶ可能性があります。また，戦略の土台となる想定が正しくなかった場合，得られる利益が想定以上に落ち込むなど，結果として野村のビジネスおよび経営成績に影響を与える可能性があります。さらに，戦略の実行にともなう人員数や報酬の削減により，野村のビジネスの成功に必要な従業員の獲得および維持に悪影響が及ぶ可能性があります。また，経営体制の合理化が適切に行われなかった場合，野村がグローバルに展開するビジネスを適切に管理監督するための機能に影響を及ぼす可能性があります。

3. 市場リスクや資金流動性リスクだけではなく，イベント・リスクも野村のトレーディング資産や投資資産に損失を生じさせる可能性があります

イベント・リスクとは，事前に予測が困難な出来事（例えば，自然災害，人災，流行病，テロ行為，武力紛争，政情不安，その他野村のビジネスや取引相手等に影響を与える出来事）によりマーケットに急激な変動がもたらされた場合に発生する潜在的な損失をいいます。これらには，2011年3月の東日本大震災，2017年の北朝鮮による核実験実施等にともなう朝鮮半島情勢の緊張の高まり，2018年以降の米中通商摩擦やアジア全体の地政学的緊張，2020年の新型コロナウイルス感染症の拡大，2022年のロシアによるウクライナへの侵攻のような突然かつ想定外の貿易環境や安全保障政策の急変などの社会的に重大な事象のほか，より個別具体的に野村のトレーディング資産や投資資産に損失を生じさせるおそれのある，次のような出来事が含まれます。

- 主要格付機関による，野村のトレーディング資産や投資資産に関する信用格付の突然かつ大幅な格下げ
- 野村のトレーディング戦略を陳腐化させ，競争力を低下させ，または実行不能にするような，トレーディング，税務，会計，金融規制，法律その他関連規則の突然の変更
- 野村が関与する取引が予測不能な事由により遂行されないために野村が受取るべき対価を受取れないこと，または野村がトレーディングもしくは投資資産として保有する有価証券の発行会社の倒産や詐欺的行為もしくはこれらに

対する行政処分等

4. 気候変動やそれに関わる各国の政策変更などを含む,「Environment（環境）」「Social（社会）」「Governance（企業統治）」の要素が野村の事業に影響を及ぼす可能性があります

　企業経営における環境, 社会, ガバナンス（以下「ESG」）の分野に注目が高まる中, 野村はこれらの領域における指針および業務能力を継続的に発展させ, 株主, 顧客, および社会全体を含むステークホルダーに対して積極的にその態勢を示すことが必要となっています。ESG を取り巻く環境の変化は速く, 事業活動において環境政策, 人権を含むESGへの配慮が充分でない場合, 脱炭素化やその他ESG関連の取り組みなどを進めていく顧客に対して十分なサービス提供ができない可能性があるほか, レピュテーション, 経営成績や財政状態に影響が及ぶ可能性があります。レピュテーショナル・リスクには, 環境配慮に関する表示に対して実態をともなわないことにかかるリスク（いわゆる「グリーン・ウォッシュ」と呼ばれるリスク）も含まれます。

　野村は, 気候変動を主要なグローバル課題の1つであると認識しています。気候変動がもたらす直接的な影響と, それにともなうビジネス環境の変化により野村は損失を被る可能性があります。気候変動に起因するリスクは, 大型の台風, 干ばつ, 酷暑, 霜といった異常気象や気候パターンの長期的変化, 海面上昇などによって人的被害や財産上の損害が生じるリスク（物理的リスク）と, 脱炭素社会への移行に向けた各国政府の政策変更や急速な技術革新, 消費需要の変化に対応できず取り残されるリスク（移行リスク）があるといわれています。

事業に関するリスク

5. 野村のビジネスは業務遂行にあたってさまざまな要因により損失を生じる可能性があります

（1）　トレーディングや投資活動から大きな損失を被る可能性があります

　野村は自己売買および顧客取引のために, 債券市場や株式市場等でトレーディング・ポジションと投資ポジションを保有しております。野村のポジションはさ

まざまな種類の資産によって構成されており，その中には株式，金利，通貨，ク
レジットなどのデリバティブ取引，さらに貸付債権，リバース・レポも含まれます。
これらの資産が取引される市場の変動は，当該資産のポジションの価値に影響を
与える場合があり，それぞれ下落はロング・ポジションに，上昇はショート・ポ
ジションに影響を及ぼす可能性があります。そのため，野村はさまざまなヘッジ
手法を用いてポジションリスクの軽減に努めていますが，それでも資産価格が大
きく変動した場合，もしくは，金融システムに過大な負荷がかかることで市場が
野村の予測していない動きをした場合，野村は損失を被る可能性があります。ま
た暗号資産の価格については，業界の動向や暗号資産の規制などさまざまな要因
により大きく変動する可能性があります。

　野村のビジネスは市場のボラティリティ水準の変化に影響を受けており，今後
も継続して影響を受ける可能性があります。トレーディングや裁定取引の機会は
市場のボラティリティに依存しており，ボラティリティが低下した場合は取引機
会が減少し，これらのビジネスの結果に影響を与える可能性があります。一方，
ボラティリティが上昇した場合は取引量が増加し，バリュー・アット・リスク（以
下「VaR」）で計測されるリスク量が増大することがあります。またボラティリティ
の上昇や価格スプレッドの拡大が生じた場合，野村はマーケットメイキングや自
己勘定投資においてより高いリスクに晒されます。そのため，ボラティリティ上
昇時は，必要に応じてこれらのビジネスの既存ポジションまたは取引量を減らす
ことがあります。

　例えば，2021年3月には，米国顧客とのプライム・ブローカレッジ取引にお
いて顧客にマージンコールを要請するも入金がなく債務不履行を通知して契約解
消を行い，当該顧客との取引のヘッジとして保有していたポジションの処理を実
施しました。その結果，ポジションの処理にともなう巨額のトレーディング損失
を計上するとともに，顧客が担保として差し入れていた有価証券の貸付金に対す
る価値が減少したことにともない，予想信用損失にかかる貸倒引当金を計上しま
した。詳細は「第4［提出会社の状況］4［コーポレート・ガバナンスの状況等］(1)
［コーポレート・ガバナンスの概要］リスク管理体制の整備」をご参照ください。
当社は，米国顧客とのプライム・ブローカレッジ取引に関する損失への対応とし

て，リスク管理活動の改善を含めて取り組んでおりますが，当社のビジネス・モデルには必然的に重要なトレーディング活動が含まれており，その結果，将来的に再び大きな損失を計上する可能性があります。

　資本市場における取引を円滑に進めるために，引受業務やトレーディング業務にともない比較的大きなポジションを保有することがあります。また，野村が投資商品の開発を目的としてパイロット・ファンドを設定してポジションを保有し，投資商品の設定・維持を目的としてシード・マネーを出資することがあります。野村は市場価格の変動によりこれらのポジションから大きな損失を被る可能性があります。

　加えて，野村が担保を提供する取引においては，担保資産価値の大幅な下落や，野村の信用格付の引き下げ等によって信用力低下にともなう追加担保の提供義務が生じた場合は，取引コストの上昇および収益性の低下を招く可能性があります。一方，担保の提供を受ける取引においては，担保資産価値や信用力の下落が顧客取引の減少につながり，それにともなう収益性の低下を招く可能性があります。信用格付の低下に関しては「財務に関するリスク - 12. 資金流動性リスクの顕在化によって野村の資金調達能力が損なわれ，野村の財政状態が悪化する可能性があります - (3) 信用格付の低下により，野村の資金調達能力が損なわれる可能性があります」をご参照ください。

(2) 証券やその他の資産に大口かつ集中的なポジションを保有することによって，野村は大きな損失を被る可能性があります

　野村は，マーケット・メイク，ブロック取引，引受業務，証券化商品の組成，プライム・ブローカレッジ取引，第三者割当による新株予約権付社債等の買い取り業務，または，顧客ニーズに対応した各種ファイナンシングおよびソリューションビジネス等においては，特定の資産を大口かつ集中的に保有することがあり，多額の資金をこれらのビジネスに投じています。その結果，しばしば特定の発行者または特定の業界，国もしくは地域の発行者が発行する証券または資産に大口のポジションを保有することがあります。これらの有価証券の価格の変動は，必要に応じてそれらを処理・換金できる価格に重大な影響を与える可能性があり，その結果，米国顧客取引に関する損失に関連して発生したような，巨額のトレー

ディング損失を計上することがあります。詳細は「第4［提出会社の状況］4［コーポレート・ガバナンスの状況等］（1）［コーポレート・ガバナンスの概要］リスク管理体制の整備」をご参照ください。なお、一般に、商業銀行、ブローカー・ディーラー、清算機関、取引所および投資会社といった金融サービス業に携わる者に対するエクスポージャーが大きくなる傾向があります。また、顧客や取引先とのビジネスに起因して、特定の国や地域において発行される証券を比較的大きく保有する場合があります。加えて、住宅および商業用不動産ローン担保証券などの資産担保証券についても、市場価格が変動すると、野村は損失を被る可能性があります。

（3）ヘッジ戦略により損失を回避できない場合があります

野村はさまざまな金融商品や戦略を用いて、当社が自己または顧客のために行う金融取引から生じるリスク・エクスポージャーをヘッジしています。ヘッジ戦略が効果的に機能しない場合、野村は損失を被る可能性があります。野村のヘッジ戦略の多くは過去の取引パターンや相関性に根拠を置いています。例えば、ある資産を保有する場合は、それまでその資産の価値の変化を相殺する方向に価格が動いていた資産を保有することでヘッジを行っています。しかし野村は、さまざまな市場環境においてあらゆる種類のリスクに晒されており、過去の金融危機の際に見られたように、過去の取引パターンや相関性が維持されず、これらのヘッジ戦略が必ずしも十分に効果を発揮しない可能性があります。さらに、すべてのヘッジ戦略がすべての種類のリスクに対して有効であるわけではなく、リスクが適切に管理されていない場合には、特定の戦略がリスクを増加させる可能性があります。例えば、米国顧客取引に関する損失に至る取引の多くは、顧客に特定の株式に対する「トータル・リターン・スワップ」と呼ばれるデリバティブ取引のエクスポージャーを増大させていました。詳細は「第4［提出会社の状況］4［コーポレート・ガバナンスの状況等］（1）［コーポレート・ガバナンスの概要］リスク管理体制の整備」をご参照ください。野村は、顧客へのトータル・リターン・スワップをヘッジするために、原資産を保有していました。しかしながら、この特定のヘッジ戦略は、顧客によるデフォルトのリスクや、変動の激しい市場環境において当該ポジションを処理する必要が出る場面のリスクをヘッジすることを意

図したものではありませんでした。このようなリスクが顕在化した際，原資産を保有するというヘッジ戦略において市場の変動に晒され，損失を計上するに至りました。

(4) 野村のリスク管理方針や手続きがリスクの管理において十分に効果を発揮しない場合があります

リスクの特定，モニターおよび管理を行うための野村の方針や手続きが十分な効果を発揮しない場合があります。例えば，野村のリスク管理方法の一部は過去の金融市場におけるデータの動きに基づいて設計，構築されていますが，将来の金融市場における個々のデータの振る舞いは，過去に観察されたものと同じであるとは限りません。その結果，将来のリスク・エクスポージャーが想定を超えて，大きな損失を被る可能性があります。また，野村が使用しているリスク管理方法は，市場，顧客等に関する公表情報または野村が入手可能な情報の評価をよりどころとしています。これらの情報が正確，完全，最新でない，または正しく評価されていない場合には，野村は，リスクを適切に評価できず，大きな損失を被る可能性があります。加えて，市場のボラティリティ等を要因として野村のリスク評価モデルが市場と整合しなくなり，適正な評価やリスク管理が行えなくなる可能性があります。さらに，リスク管理の方針や手続きが定められていたとしても，それらが実際に有効に機能するためには，適切に遵守される必要があります。また，組織の構造やガバナンスの枠組みに潜在的な問題がある場合，リスク管理に係る役割や責任などについて意見の相違が生じる可能性があります。

例えば，米国顧客取引に関する損失においては，顧客のカウンターパーティ・リスクや，顧客とのプライム・ブローカレッジ取引の原資産である有価証券に関する市場リスクのエクスポージャーにより巨額の損失が生じました。野村は，リスク管理の方針・手続きおよびその実施状況を総合的に見直し，改定したほか，それらの運用を強化するための数多くの諸施策を検討し，実施しております。詳細は「第4［提出会社の状況］4［コーポレート・ガバナンスの状況等］(1)［コーポレート・ガバナンスの概要］リスク管理体制の整備」をご参照ください。しかしながら，これらの諸施策が完了したとしても，同種またはその他多くのビジネスにおいて，将来の損失を回避するための方針や手続きの効力を損なうリスク管

理上の弱みを特定し，是正することができず，将来のリスクの回避に十分ではない可能性があります。

(5) 市場リスクによって，その他のリスクが増加する可能性があります

　前述の野村のビジネスに影響を与えうる可能性に加え，市場リスクがその他のリスクを増幅させる可能性があります。例えば，金融工学や金融イノベーションを用いて開発された金融商品に内在する諸リスクは市場リスクによって増幅されることがあります。

　また，野村が市場リスクによりトレーディングで大きな損失を被った場合，野村の流動性ニーズが急激に高まる可能性があり，一方で，野村の信用リスクが市場で警戒され，資金の調達が困難になる可能性があります。

　さらに，市場環境が悪化している場合に，野村の顧客や取引相手が大きな損失を被り，その財政状態が悪化した場合には，先だっての米国顧客取引に関する損失に見られるように顧客や取引相手に対する信用リスクが増加する可能性があります。

(6) 野村の仲介手数料やアセット・マネジメント業務からの収入が減少する可能性があります

　金融市場や経済情勢が低迷すると，野村が顧客のために仲介する証券取引の取扱高が減少するため，仲介業務にかかる収入が減少する可能性があります。また，アセット・マネジメント業務については，多くの場合，野村は顧客のポートフォリオを管理することで報酬を得ており，その報酬額はポートフォリオの価値に基づいています。したがって，市場の低迷によって，顧客のポートフォリオの価値が下がり，解約等の増加や新規投資の減少が生じることによって，野村がアセット・マネジメント業務から得ている収入も減少する可能性があります。また，顧客の資産運用の趣向が変化し，預金などの安定運用や，相対的に低報酬率であるパッシブファンドなどへシフトすることで，これらの収入は減少する可能性があります。

(7) 野村の投資銀行業務からの収入が減少する可能性があります

　金融市場や経済情勢の変動によって，野村の行う引受業務や財務アドバイザリー業務などの投資銀行業務における案件の数や規模が変化する可能性がありま

す。これらの業務の手数料をはじめとして，投資銀行業務からの収入は，野村が取り扱う案件の数や規模により直接影響を受けるため，野村の投資銀行業務および当該業務における顧客等に好ましくない形で経済または市場が変動した場合には，これらの収入が減少する可能性があります。

　例えば2021年3月期および2022年3月期との比較において，2023年3月期は地政学リスクの高まりや経済見通しの不透明感により，収入が低迷しており，今後においても，M&A案件やその他の投資銀行ビジネスの減少により収入が減少する可能性があります。

(8)　野村の電子取引業務からの収入が減少する可能性があります

　電子取引システムは，少ないリソースで効率的に迅速な取引を執行するために，野村にとっては必要不可欠なシステムです。野村はこれらのシステムを利用しながら，取引所またはその他の電子取引市場を介して効率的な執行プラットフォームおよびオンライン・コンテンツやツールを顧客に提供しております。電子取引における競争は激化しており，競合他社における大幅な手数料の引き下げや無手数料取引の導入は，野村の電子取引収益と旧来型の取引の両方にかかる収入を圧迫する可能性があります。取引手数料やスプレッド等を含むこれらの電子取引業務に付随する収入は，野村が扱う取引の数や規模により直接影響を受けるため，金融市場や経済情勢変動によって顧客の取引頻度の低下または取引額の低下が生じた場合には，これらの収入が減少することが予想されます。電子取引による利便性向上によって取引量は今後も増加する可能性がありますが，取引手数料の低下を補填するほど十分でない場合は，野村の収入が減少する可能性があります。野村は今後も効率的な取引プラットフォームの提供に関する技術開発投資を続けていく予定ですが，電子取引の手数料の値下げ圧力が高まった場合には，当該投資から生み出される収入を最大限に確保できない可能性があります。

6. 野村に債務を負担する第三者がその債務を履行しない結果，損失を被る可能性があります

　野村の取引先は，ローンやローン・コミットメントに加え，その他偶発債務，デリバティブなどの取引や契約により，野村に対して債務あるいは担保差入れ等

の一定の義務を負うことがあります。これら取引先が法的整理手続きの申請，信用力の低下，流動性の欠如，人為的な事務手続き上の過誤，政治的・経済的事象による制約など，さまざまな理由で債務不履行に陥った場合，野村は大きな損失を被る可能性があります。米国顧客取引に関する損失では，米国のプライム・ブローカレッジ取引の顧客が，トレーディング業務に関して追加証拠金を差し入れる義務と，当社が保有する担保に対して貸し付けた金額を返済する債務を履行しませんでした。詳細は「第4［提出会社の状況］4［コーポレート・ガバナンスの状況等］（1）［コーポレート・ガバナンスの概要］リスク管理体制の整備」をご参照ください。貸倒引当金の積立と維持は行っていますが，当該引当金は，入手可能な限りの情報に基づく経営者の判断および仮定に基づいています。しかしながら，それらの情報が不正確または不完全であり，さらにそれらの情報に基づく判断および仮定が，場合によっては重大な誤りであると判明する可能性があります。

　信用リスクは，次のような場合からも生じます。

・第三者が発行する証券の保有

・証券，先物，通貨またはデリバティブの取引の取引相手である金融機関やヘッジファンドなど野村の取引相手に債務不履行が生じた場合や，決済機関，取引所，清算機関その他金融インフラストラクチャーのシステム障害により所定の期日に決済ができない場合

　第三者の信用リスクに関連した問題には次のものが含まれます。

（1）　大手金融機関の破綻が金融市場全般に影響を与え，野村に影響を及ぼす可能性があります

　多くの金融機関の経営健全性は，与信，トレーディング，清算・決済など，金融機関間の取引を通じて密接に連関しています。その結果，ある特定の金融機関に関する信用懸念や債務不履行が，他の金融機関の重大な流動性問題や損失，債務不履行を引き起こし，決済・清算機関，銀行，証券会社，取引所といった，野村が日々取引を行っている金融仲介機関にも影響を及ぼす可能性があります。また将来発生しうる債務不履行や債務不履行懸念の高まり，その他類似の事象が，金融市場や野村に影響を及ぼす可能性があります。国内外を問わず，主要な金融

機関が流動性の問題や支払能力の危機に直面した場合，野村の資金調達にも影響を及ぼす可能性があります。

(2) 野村の信用リスクに関する情報の正確性，また信用リスク削減のために受け入れている担保の十分性については，必ずしも保証されたものではありません

野村は信用に懸念のある顧客や取引相手，特定の国や地域に対するクレジットエクスポージャーを定期的に見直しています。しかし，債務不履行が発生するリスクは，粉飾決算や詐欺行為のように発見が難しい事象や状況から生じる場合があります。また，野村が取引相手のリスクに関し，すべての情報を手に入れることができない，あるいは情報を正確に管理・評価できない可能性があります。例えば，米国顧客取引に関する損失の原因となった債務不履行に陥った顧客に関する信用リスク評価では，顧客の取引活動の全容が十分に反映されていませんでした。さらに，野村が担保提供を条件として与信をしている場合に，米国顧客取引に関する損失の場合において当該顧客に対して行った融資のように，当該担保の市場価格が急激に下落して担保価値が減少した場合，担保不足に陥る可能性があります。詳細は「第4［提出会社の状況］4［コーポレート・ガバナンスの状況等］(1)［コーポレート・ガバナンスの概要］リスク管理体制の整備」をご参照ください。

(3) 野村の顧客や取引相手が政治的・経済的理由から野村に対する債務を履行できない可能性があります

カントリー・リスクや地域特有のリスク，政治的リスクは，市場リスクのみならず，信用リスクに影響を与える可能性があります。現地市場における混乱や通貨危機のように，ある国または地域における政治的・経済的問題はその国や地域の顧客・取引相手の信用力や外貨調達力に影響を与え，結果として野村に対する債務の履行に影響を与える可能性があります。

7. モデルに誤りがある場合，またはモデルを不正確若しくは不適切に使用した場合，意思決定を誤り，財務的損失を被る可能性や，顧客からの信頼低下を招く可能性があります

　野村では，流動性の低いデリバティブ取引の評価や債務者の信用力の評価等を目的として，さまざまな業務でモデルを使用しています。しかし，モデルは常に完璧とは限らず，モデルを使用することで，モデル・リスクが生じる可能性があります。モデルに誤りがある場合，またはモデルを不正確若しくは不適切に使用した場合，意思決定の誤り，財務的損失，または顧客からの信頼低下を招く可能性があります。野村は，モデルの開発，実装およびや使用に加え，有効なモデル検証プロセスやモデル・リスクを管理し，軽減するための体制を含むモデル・リスクの管理の枠組みを設置しています。それにより，モデル・リスクの軽減に努めていますが，それでも損失が出る可能性があります。

8. 野村は持株会社であり，野村の子会社からの支払に依存しています

　野村は持株会社であり，配当金の支払や負債の支払の資金について，野村の子会社から受領する配当金，分配金およびその他の支払に依存しています。会社法などの法規制により，子会社への資金移動または子会社からの資金移動が制限される可能性があります。特に，ブローカー・ディーラー業務を行う子会社を含め，多くの子会社は，親会社である持株会社への資金の移動を停止または減少させる，あるいは一定の状況においてそのような資金の移動を禁止するような，自己資本規制を含む法規制の適用を受けています。例えば，野村の主要なブローカー・ディーラー子会社である野村證券，ノムラ・セキュリティーズ・インターナショナルInc,ノムラ・インターナショナルPLCおよびノムラ・インターナショナル（ホンコン）LIMITED は，自己資本規制の適用を受けており，自己資本規制の変更や要求水準によっては，野村への資金移動が制限される可能性があります。野村は，関連する法規制に基づき野村グループ間における資金移動について日々確認し管理しておりますが，これらの法規制は野村の債務履行に必要となる資金調達の方法を制限する可能性があります。

９．投資持分証券・トレーディング目的以外の負債証券について野村が期待する収益を実現できない可能性があります

　野村は，プライベート・エクイティ投資を含む，多額の投資持分証券・トレーディング目的以外の負債証券を保有しています。米国会計原則では，市場環境によって投資持分証券・負債証券にかかる多額の未実現損益が計上されることがあり，このことが野村の損益に大きな影響を与えます。例えば，2020年3月期においては，新型コロナウイルスの感染拡大による市場の混乱により，アメリカン・センチュリー・インベストメンツ関連損失164億円および投資持分証券の評価損166億円を認識しました。また，野村はこれらの投資持分証券・負債証券の売却を決定する可能性がありますが，市場の環境によっては，これらの投資持分証券・負債証券を売却したい場合に，期待どおり迅速には，また望ましい水準では売却できない可能性があります。

10．野村が提供したキャッシュ・リザーブ・ファンドや債券に損失が生じることで顧客資産が流出する可能性があります

　マネー・マーケット・ファンド（MMF）やマネー・リザーブ・ファンド（MRF）といったキャッシュ・リザーブ・ファンドは低リスク商品と位置づけられています。しかし急激な金利上昇にともなうポートフォリオに組み込まれた債券価格の下落による損失の発生，ファンドのポートフォリオに組み込まれた債券のデフォルト，マイナス金利の適用によるファンドへの手数料チャージにより，元本割れを起こす場合があります。また，野村は運用による安定的な利回りが見込めないと判断した場合，これらのキャッシュ・リザーブ・ファンドに対し繰上償還や入金制限を行う可能性があります。

　また，野村が提供した債券が債務不履行に陥り，利息や元本の支払が遅延する場合があります。

　上記事象の結果，野村は顧客の信頼を失う可能性があり，ひいては野村が保管する顧客からの預かり資産の流出もしくは預かり資産増加の妨げとなる可能性があります。

財務に関するリスク

11. 連結財務諸表に計上されているのれんおよび有形・無形資産にかかる減損が認識される可能性があります

　野村は，事業の拡大等のため，企業の株式などを取得し，または企業グループの一部の事業を承継しており，野村が適切と判断した場合にはこれらを継続して行う見込みです。このような取得や承継は，米国会計原則に基づき，野村の連結財務諸表において，企業結合として認識され，取得価額は資産と負債に配分され，差額はのれんとしています。例えば，野村は2020年4月1日にグリーンテックの全持分を取得し12,480百万円を連結貸借対照表に計上しております。また，その他にも有形・無形資産を所有しております。

　これらの企業結合などにより認識されたのれんおよび有形・無形資産に対して減損損失やその後の取引にともなう損益が認識される可能性があり，野村の経営成績および財政状態に影響を与える可能性があります。例えば，野村は2019年3月期において，ホールセール部門での過去の海外での買収に関連して，81,372百万円ののれんの減損を認識しております。

12. 資金流動性リスクの顕在化によって野村の資金調達能力が損なわれ，野村の財政状態が悪化する可能性があります

　資金流動性，すなわち必要な資金の確保は，野村のビジネスにとって極めて重要です。野村では，資金流動性リスクを野村グループの信用力の低下または市場環境の悪化により必要な資金の確保が困難になる，または通常より著しく高い金利での資金調達を余儀なくされることにより損失を被るリスクと定義しております。即時に利用できるキャッシュ・ポジションを確保しておくことに加え，野村は，レポ取引や有価証券貸借取引，長期借入金の利用や長期社債の発行，コマーシャル・ペーパーのような短期資金調達先の分散，流動性の高いポートフォリオの構築などの方法によって十分な資金流動性の確保に努めています。しかし，野村は一定の環境の下で資金流動性の低下に晒されるリスクを負っています。その内容は以下のとおりです。

（1）　野村が無担保あるいは有担保での資金調達ができなくなる場合があります

野村は，借り換えも含めた日常の資金調達において，短期金融市場や債券発行市場での債券発行，銀行からの借入といった無担保資金調達を継続的に行っています。また，トレーディング業務のための資金調達活動として，レポ取引や有価証券貸借取引といった有担保資金調達を行っています。これらの資金調達ができない場合，あるいは通常よりも著しく高い金利での資金調達を余儀なくされる場合，野村の資金流動性は大きく損なわれる可能性があります。例えば，野村の短期または中長期の財政状態に対する評価を理由に，資金の出し手が資金提供を拒絶する可能性があるのは，次のような場合です。

- ・多額のトレーディング損失
- ・市場の低迷にともなう野村の営業活動水準の低下
- ・規制当局による行政処分
- ・信用格付けの低下

　上記に加え，市場金利の上昇，資金の出し手側の貸付余力の低下，金融市場やクレジット市場における混乱，投資銀行業や証券ブローカレッジ業，その他広く金融サービス業全般に対する否定的な見通し，日本の国家財政の健全性に対する市場の否定的な見方など，野村に固有でない要因によって，野村の資金調達が困難になることもあります。

（2）　野村が資産を売却できなくなる可能性があります

　野村が資金を調達できない，もしくは資金流動性残高が大幅に減少するなどの場合，野村は期限が到来する債務を履行するために資産を売却するなどの手段を講じなければなりません。市場環境が不安定で不透明な場合には，市場全体の流動性が低下している可能性があります。このような場合，野村は資産を売却することができなくなる可能性や資産を低い価格で売却しなければならなくなる可能性があり，結果的に野村の経営成績や財政状態に影響を与える場合があります。また，他の市場参加者が同種の資産を同時期に市場で売却しようとしている場合には，野村の資産売却に影響を及ぼすことがあります。

（3）　信用格付の低下により，野村の資金調達能力が損なわれる可能性があります

　野村の資金調達は，信用格付に大きく左右されます。格付機関は野村の格付の引下げや取消しを行い，または格下げの可能性ありとして「クレジット・ウォッ

チ」に掲載することがあります。例えば，2021年3月の米国顧客取引に関する損失の後，フィッチ・レーティングス社は当社の信用格付をネガティブ・ウォッチに設定し，ムーディーズ・インベスターズ・サービス社は当社の信用格付の見通しをネガティブに変更しましたが，いずれも将来的に当社の信用格付を格下げする可能性があります。詳細は「第4 ［提出会社の状況］ 4 ［コーポレート・ガバナンスの状況等］ （1）［コーポレート・ガバナンスの概要］リスク管理体制の整備」をご参照ください。将来格下げがあった場合，野村の資金調達コストが上昇する可能性や，資金調達自体が制約される可能性があります。その結果，野村の経営成績や財政状態に影響を与える可能性があります。

さらに，日本の国家財政の健全性に対する市場の否定的な見方といった，野村に固有でない要因によっても，野村の資金調達が困難になることもあります。

13. 連結財務諸表に計上されている関連会社およびその他の持分法投資先の株価が一定期間以上大幅に下落した場合には減損が認識される可能性があります

野村は上場している関連会社およびその他の持分法投資先の株式に投資しており，この投資は持分法で連結財務諸表に計上されています。野村が保有する関連会社の株式の市場価格が一定期間を超えて下落した場合において，価格の下落が一時的ではないと野村が判断したときには，野村は対応する会計年度に減損を認識しなければなりません。このことは，野村の経営成績および財政状態に重要な影響を与える可能性があります。例えば，野村は2021年3月期に野村不動産ホールディングスに対する投資にかかる減損損失47,661百万円を計上しました。

非財務リスク

14. オペレーショナル・リスクの顕在化により，野村のビジネスに悪影響が及ぶ可能性があります

オペレーショナル・リスクとは，内部プロセス・システム・役職員の行動が不適切であること，機能しないこと，もしくは外生的事象から生じる財務上の損失，または非財務的影響を被るリスクをいいます。また，オペレーショナル・リスク

(point) **財政状態，経営成績及びキャッシュ・フローの状況の分析**

「事業等の概要」の内容などをこの項目で詳しく説明している場合があるため，この項目も非常に重要。自社が事業を行っている市場は今後も成長するのか，それは世界のどの地域なのか，今社会の流れはどうなっていて，それに対して売上を伸ばすために何をしているのか，収益を左右する費用はなにか，などとても有益な情報が多い。

には，コンプライアンス，リーガル，ITおよびサイバーセキュリティ，不正，外部委託先に関わるリスク，その他の非財務リスクが含まれます。かかるリスクが顕在化した場合には，野村のビジネスに悪影響が及ぶ可能性があります。

　なお，オペレーショナル・リスクに関連する事項には，以下に記載したものも含まれます。

15. 役職員または第三者による不正行為や詐欺により，野村のビジネスに悪影響が及ぶ可能性があります

　野村の役職員が，上限額を超えた取引，限度を超えたリスクの負担，権限外の取引や損失の生じた取引の隠蔽等の不正行為を行うことにより，野村のビジネスに悪影響が及ぶ可能性があります。また，不正行為には，インサイダー取引，情報伝達行為や取引推奨行為等の役職員または第三者による野村やその顧客の非公開情報の不適切な使用・漏洩その他の犯罪も含まれ，その結果，野村が行政処分を受け，もしくは法的責任を負う可能性，または野村のレピュテーションや財政状態に重大な悪影響が及ぶ可能性があります。

　例えば，2019年3月5日，東京証券取引所（以下「東証」）が設置した「市場構造の在り方等に関する懇談会」の委員を務める，株式会社野村総合研究所の研究員から，野村證券のリサーチ部門に所属するチーフストラテジスト（以下「ストラテジスト」）に対し，東証で議論されている市場区分の見直しについて，上位市場の指定基準および退出基準が時価総額250億円以上とされる可能性が高くなっている旨の情報が伝達され，さらに，当該情報は，同日および翌日に，ストラテジストから，野村證券およびノムラ・インターナショナル（ホンコン）LIMITEDの日本株営業担当の社員等に伝達されました。また，当該情報を受領した一部の社員は，顧客である一部の機関投資家に対して当該情報を提供しました。当該情報提供は，法令違反ではありませんでしたが，野村および野村證券やその役職員に対する市場参加者からの信頼を損なう行為で不適切な情報伝達であったといえます。外部有識者による特別調査を経て，2019年5月24日，野村は，上記の不適切な情報伝達が発生したことを踏まえ，再発防止策ならびに野村および野村證券の関係役員の役員報酬の一部返上を公表しました。さらに，2019年5月28日，野村および野村證券は，上記の不適切な情報伝達事案が発

生したことにより，金融庁から，責任の所在の明確化，詳細な改善計画策定およびその提出，再発防止策の実施状況の定期的報告ならびにその実効性を定期的に検証して検証結果の報告を求めること等を内容とする業務改善命令を受け，2019年8月28日には，東証より過怠金1,000万円の処分を受けました。

　また，野村は，第三者が行う詐欺的行為に直接または間接に巻き込まれる可能性があります。野村は，投資，融資，保証，その他あらゆる種類のコミットメントを含め，幅広いビジネス分野で多くの第三者と日々取引を行っているため，こうした第三者による詐欺や不正行為を防止し，発見することが困難な場合があり，こうした行為に巻き込まれることにより，野村の将来のレピュテーションや財政状態に影響が及び，野村が被る損失が多額になり，また野村に対する信頼が損なわれる等の悪影響を受けるおそれがあります。

　野村は，「野村グループ行動規範」を策定するとともに，コンプライアンス研修等の実施，内部通報制度での対応の充実等を通じて，その浸透と遵守を徹底することをはじめとする役職員や第三者による不正行為や詐欺的行為を防止または発見するための対策を講じていますが，これらの実装済の対策または今後追加する対策により役職員や第三者による不正行為や詐欺的行為を常に防止または発見できるとは限らず，また，不正行為や詐欺的行為の防止・発見のために取っている予防措置がすべての場合に効果を発揮するとは限りません。そのような不正行為や詐欺的行為の結果として野村に対する行政上の処分または司法上の決定・判決等が行われれば，野村はビジネスの機会を喪失する可能性があり，また，顧客，特に公的機関が野村との取引を行わない決定をした場合は，たとえ処分等が解除された後であっても，ビジネスの機会を喪失し，将来の収益や経営成績に悪影響を及ぼす可能性があります。

16. 利益相反を特定し適切に対処することができないことにより，野村のビジネスに悪影響が及ぶ可能性があります

　野村は，多様な商品およびサービスを個人，企業，他の金融機関および政府機関を含む幅広い顧客に対して提供するグローバルな金融機関です。それにともない，野村の日々の業務において利益相反が発生するおそれがあります。利益相反は，特

定の顧客へのサービスの提供が野村の利益と競合・対立する，または競合・対立するとみなされることにより発生します。また，適切な非公開情報の遮断措置または共有がされていない場合，特定の顧客との取引とグループ各社の取引または他の顧客との取引が競合・対立する，または競合・対立するとみなされることにより利益相反が発生するおそれがあります。野村は利益相反を特定し対処するための野村グループ利益相反管理方針に基づく利益相反管理体制を整備していますが，利益相反を特定，開示し，適切に対処することができなかった場合，またはできていないとみなされた場合には，野村のレピュテーションが悪化し，現在または将来の顧客を失い，収益や経営成績に悪影響を及ぼす可能性があります。また，利益相反の発生により行政処分，または訴訟の提起を受ける可能性があります。

17. 野村のビジネスは，重大なリーガル・リスク，レギュラトリー・リスクおよびレピュテーション・リスクに影響される可能性があります

野村が重大な法的責任を負うことまたは野村に対する行政処分がなされることにより，重大な財務上の影響を受け，または野村のレピュテーションが低下し，その結果，ビジネスの見通し，財務状況や経営成績に悪影響を与える可能性があります。また，野村や野村が業務を行う市場に適用される規制に重大な変更がなされた場合，これが野村のビジネスに悪影響を与える可能性があります。野村に対する主な訴訟その他の法的手続きについては，「第5[経理の状況] 1[連結財務諸表等] （1）[連結財務諸表] [連結財務諸表注記] 19 コミットメント，偶発事象および債務保証」をご参照ください。

野村は，ビジネスにおいてさまざまなリーガル・リスクに晒されています。これらのリスクには，金融商品取引法およびその他の法令における有価証券の引受けおよび勧誘に関する責任，有価証券その他金融商品の売買から生じる責任，複雑な取引条件に関する紛争，野村との取引にかかる契約の有効性をめぐる紛争，業務提携先との間の紛争ならびにその他の業務に関する法的賠償請求等が含まれます。野村は，重大な法的責任が発生した場合，専門家や第三者機関等にも助言を求め，適切な方針を策定の上，これらへの対応を行っておりますが，紛争等の動向によっては，野村のレピュテーションや財政状態に影響が及び，経営成績に

悪影響を及ぼす可能性があります。

(1) 市場低迷を原因とした法的責任の可能性が発生し，野村のビジネス，財政状態および経営成績に影響を及ぼす可能性があります

　市場の低迷の長期化または市場に重大な影響を与えるイベントの発生により，野村に対する賠償請求等が増加することが予想され，また，重大な訴訟を提起される可能性があります。これらの訴訟費用は高額にのぼる可能性もあり，訴訟を提起されることにより野村のレピュテーションが悪化する可能性もあります。例えば，2022年3月期においては，米国における世界金融危機（2007～2008年）以前の取引に関連して，約620億円の法的費用（将来的な損失発生の軽減を目的とした一定の取引を含みます。）が認識されました。さらに，適法な取引であったとしても，その取引手法によっては社会的非難の対象となってしまう場合もあります。これらのリスクの査定や数量化は困難であり，リスクの存在およびその規模が認識されない状況が相当期間続く可能性もあります。

(2) 規制による業務制限や，業務処分等による損失が発生し，野村のビジネス，財政状態および経営成績に影響を及ぼす可能性があります

　金融業界は広範な規制を受けています。野村は，国内において政府機関や自主規制機関の規制を受けるとともに，海外においては業務を行っているそれぞれの国の規制を受けています。また，野村のビジネスの拡大とともに，適用される政府機関や自主規制機関の規制も増加する可能性や，法改正によって，これらの規制が強化される可能性があります。さらに，金融規制の体系の複雑化が進み，ある一国の規制が，当該国以外の活動に域外適用される可能性も増加しています。これらの規制は，広く金融システムの安定や金融市場・金融機関の健全性の確保，野村の顧客および野村と取引を行う第三者の保護等を目的としており，自己資本規制，顧客保護規制，市場行動規範などを通じて野村の活動を制限し，野村の収益に影響を与えることがあります。この他，従来の金融関連法制に加え，広く国際的な政治経済環境や政府当局の規制・法執行方針等によっても，野村のビジネスに適用・影響する法令諸規制の範囲が拡大する可能性があります。とりわけ，金融業界に対する各国の政府機関や自主規制機関による調査手続きや執行については，近年件数が増加し，また，それらによる影響はより重大なものになっており，

野村もそのような調査手続きや執行の対象となるリスクに晒されています。例え
ば，米国司法省は，2009年以前に野村の米国子会社の一部が取り扱った住宅ロー
ン担保証券について調査を実施しました。2018年10月15日，これらの当社米
国子会社は，調査に関して米国司法省と和解し，480百万ドルを支払うことに同
意しました。この点，野村は，法令諸規制を遵守するため，随時モニタリングや
社内管理体制の構築といった対策を講じてはおりますが，法令諸規制に抵触する
ことを完全には防ぐことができない可能性があり，仮に法令違反等が発生した場
合には，罰金，一部の業務の停止，社内管理体制の改善等にかかる命令，もしく
は営業認可の取消しなどの処分を受ける可能性があります。野村が行政上の処分
または司法上の決定・判決等を受けた場合，野村のレピュテーションが悪化し，
ビジネス機会の喪失や人材確保が困難になるといった悪影響を受ける可能性があ
ります。また，それらの処分により，顧客（とりわけ公的機関）が野村との金融
取引を行わない決定をした場合は，たとえ命令等の処分が解除された後であって
も，一定期間，野村がビジネスの機会を喪失する可能性があります。さらに，野
村が国際的な制裁の対象地域で事業活動を行う場合には，当該事業活動が制裁規
制に違反していなくても，一部の市場関係者が野村への投資や野村との取引を控
える可能性があります。

（3）　金融システム・金融セクターに対する規制強化の進行が，野村のビジネス，
　　財政状態および経営成績に影響を及ぼす可能性があります

　　野村のビジネスに適用される規制が導入・改正・撤廃される場合，野村は，直
接またはその結果生じる市場環境の変化を通じて悪影響を受けることがあります。
規制の導入・改正・撤廃により，野村の全部または一部の事業を継続することの
経済合理性がなくなる可能性，もしくは規制の対応に膨大な費用が生じる可能性
があります。

　　加えて，野村に適用される会計基準や自己資本比率・流動性比率・レバレッジ
比率等に関する規制の変更が，野村のビジネス，財政状態および経営成績に影響
を及ぼす可能性があります。そうした新たな規制の導入または既存の規制の改正
には，バーゼル銀行監督委員会（以下「バーゼル委員会」）によるいわゆるバーゼ
ルⅢと呼ばれる規制パッケージが含まれ，2017年12月には，バーゼルⅢの最終

規則文書が公表されました。また，2012年10月，バーゼル委員会は，国内のシステム上重要な銀行（以下「D-SIBs」）に関する評価手法およびより高い損失吸収力の要件に関する一連の原則を策定し，公表しました。2015年12月，金融庁は野村をD-SIBsに指定し，2016年3月以降の追加的な資本賦課水準を3年間の経過措置はありますが0.5％といたしました。さらに，金融安定理事会（以下「FSB」）は，2015年11月にグローバルにシステム上重要な銀行（以下「G-SIBs」）に対して破綻時の総損失吸収力（以下「TLAC」）を一定水準以上保有することを求める最終文書を公表しました。これを受けて，金融庁は，2018年4月に，本邦G-SIBsに加え，本邦D-SIBsのうち，国際的な破綻処理対応の必要性が高く，かつ破綻の際に我が国の金融システムに与える影響が特に大きいと認められる金融機関についても本邦TLAC規制の適用対象とする方針とし，2019年3月に当該方針に基づきTLAC規制にかかる告示等を公表しました。野村は，現時点ではG-SIBsに選定されてはおりませんが，これにより，2021年3月末より本邦TLAC規制の適用対象に加えられることになりました。これらの規制により，野村の資金調達コストが上昇する，あるいは野村のビジネス，資金調達活動や野村の株主の利益に影響を及ぼすような資産売却，資本増強もしくは野村のビジネスの制限を行わなければならない可能性があります。

(4)　経営状況，法的規制の変更などにより，繰延税金資産の計上額の見直しが行われ，野村の経営成績および財政状態に影響を及ぼす可能性があります

　野村は，一定の条件の下で，将来における税金負担額の軽減効果を有すると見込まれる額を繰延税金資産として連結貸借対照表に計上しております。今後，経営状況の悪化，法人税率の引下げ等の税制改正，会計原則の変更などその回収可能性に変動が生じる場合には，野村の連結貸借対照表に計上する繰延税金資産を減額する可能性があります。その結果，野村の経営成績および財政状態に影響が生じる可能性があります。繰延税金資産の内訳につきましては「第5［経理の状況］　1［連結財務諸表等］　(1)［連結財務諸表］　［連結財務諸表注記］　14　法人所得税等」をご参照ください。

(5)　マネー・ローンダリングおよびテロ資金供与に適切に対処できなかった場合には，行政処分や罰金等の対象となる可能性があります

近年，金融犯罪の手口は複雑化・高度化・多様化してきています。国際的にも戦争，テロ犯罪やサイバー攻撃の脅威が増す中，犯罪者やテロリスト等につながる資金を断つことの重要性は極めて高く，世界的に金融業界は対応の強化が求められています。野村ではこのような状況に適切に対応するため，金融活動作業部会（FATF）の勧告や金融庁「マネー・ローンダリングおよびテロ資金供与対策に関するガイドライン」等をはじめ各国の規制等に基づき，グループ全体で一貫したマネー・ローンダリングおよびテロ資金供与対策の態勢整備および強化に継続的に取り組んでおります。しかしながら，かかる対策が有効に機能せず，適用される規制に反する取引を未然に防ぐことができなかった場合またはそのような取引に適切に対処できなかった場合には，行政処分や罰金等の対象となる可能性があります。関連する処分等やその影響については「非財務リスク　17．野村のビジネスは，重大なリーガル・リスク，レギュラトリー・リスクおよびレピュテーショナル・リスクに影響される可能性があります　－(2) 規制による業務制限や，行政処分等による損失が発生し，野村のビジネス，財政状態および経営成績に影響を及ぼす可能性があります」をご参照ください。

18．野村の保有する個人情報の漏洩により，野村のビジネスに悪影響が及ぶ可能性があります

野村は業務に関連して顧客から取得する個人情報を保管，管理しています。近年，企業が保有する個人情報および記録への不正アクセスや漏洩にかかる事件や不正利用の事件が多数発生していると報じられています。

野村は個人情報の保護に関する法令諸規則に基づき，個人情報の保護に留意し，適用されるポリシーや手続きを定め，セキュリティ対策を講じておりますが，仮に個人情報の重大な不正漏洩または不正利用が生じた場合には，野村のビジネスにさまざまな点で悪影響が及ぶ可能性があります。例えば，野村は，これらの法令諸規則を万が一違反した場合，規制当局から行政処分や罰則を受ける可能性があるほか，個人情報の漏洩（業務委託先による漏洩を含む）または不正利用により顧客に損失が生じた場合には，顧客から苦情や損害賠償請求を受ける可能性があります。また，自主的に，もしくは行政上の命令その他の規制上の措置の対応

として行うセキュリティ・システムの変更により，追加的な費用が発生する可能性があります。また，顧客からお預かりした個人情報の利用が制限されることにより，既存事業や新規事業に悪影響を及ぼす可能性があります。更に，不正漏洩または不正利用の結果，野村に対するレピュテーションが悪化することによって，新規顧客が減少したり既存顧客を喪失したりするとともに，野村のブランド・イメージやレピュテーションの悪化の防止・抑制のために行う広報活動のために追加的な費用が発生する可能性があります。

19. 野村の情報システムが適切に稼働しないこと，外部からのサイバー攻撃による情報漏洩または十分なサイバーセキュリティを維持するために必要な費用負担により，野村のビジネスに悪影響が及ぶ可能性があります

　野村のビジネスは，個人情報および機密情報を野村のシステムにおいて安全に処理，保存，送受信できる環境に依拠しています。野村は，過去において，野村のシステム上にある情報にアクセスしこれを入手することを企図した，または野村のサービスにシステム障害その他の損害をもたらすことを企図した不正アクセス，コンピューターウイルスもしくは破壊工作ソフトその他のサイバー攻撃の標的になってきましたが，今後も再び標的になる可能性があります。例えば，2018年6月に，海外子会社において，当該子会社のデスクトップ・ネットワークにマルウェア（不正・有害な動作を行う目的で作成されたソフトウエア）による不正なアクセスがあったことが判明しました。それを受けて，野村は，直ちに内部調査を開始し，是正措置を講じるとともに，当該事案の発生を関係当局に対して報告し，また，顧客その他の個人に対してその情報が影響を受ける可能性があることを伝えております。また，新型コロナウイルス感染症の影響により，従業員の多くがネットワーク技術を利用してリモートワークを行っています。これにより，サイバー攻撃その他の情報セキュリティ侵害の対象となる可能性が高まる恐れがあります。これらの脅威は，人為的なミスまたは技術的不具合から発生する場合もありますが，従業員などの内部関係者または海外の非国家主体および過激派組織などの第三者の悪意もしくは不正行為により発生する場合もあります。また，野村のシステムが相互接続している外部事業者，証券取引所，決済機関またはそ

の他の金融機関のいずれかがサイバー攻撃その他の情報セキュリティ侵害の対象
となった場合，野村にもその悪影響が及ぶ可能性があります。当該事象により，
野村のシステム障害，信用の失墜，顧客の不満，法的責任，行政処分または追加
費用が生じる可能性があり，上記事象のいずれかまたはその全部の発生により，
野村の財政状態および事業運営が悪影響を受ける可能性があります。

　野村は，システムのモニタリングおよびアップデートを行うため多大な経営資
源を継続的に投入し，かつシステム保護のため情報セキュリティ対策を講じてい
ますが，実施しているそれらの管理手段や手続きが，将来のセキュリティ侵害か
ら野村を十分に保護できる保証はありません。サイバー上の脅威は日々進化して
いるため，将来的には，現在の管理手段や手続きが不十分となる可能性があり，
また，システム修正または強化のため，更なる経営資源を投入しなければならな
くなる可能性があります。

20. 人材の確保・育成ができないことにより，野村のビジネスに悪影響が及ぶ 可能性があります

　野村は，人材こそが野村グループの最大の財産であるとの理念のもと，人材の
採用・育成・評価・登用および配置について１つのサイクルとしてとらえ，総合
的な観点から各種のタレントマネジメント施策に取り組んでおります。適切な人
材の確保や育成が想定どおりに進まない場合，野村のビジネスや業務運営に悪影
響を及ぼす可能性があります。報酬，労働環境，利用できる研修や福利厚生，雇
用者としての評判などの要因により，人材確保において厳しい競争が起きていま
す。また，当該人材確保のための支出は，野村の収益性を損なう可能性がありま
す。加えて，人材育成や企業文化の定着には継続的かつ徹底的な取り組みが必要
であり，成功しない可能性もあります。

3　経営者による財政状態，経営成績及びキャッシュ・フローの状況の分析

（1）　業績の概況 ……………………………………………………………………

　以下の業績の概況は，「第１［企業の概況］　１［主要な経営指標等の推移］」
および「第５［経理の状況］　１［連結財務諸表等］　(1)［連結財務諸表］」の部

とあわせてご覧ください。また，以下の内容には，一部，将来に対する予測が含まれており，その内容にはリスク，不確実性，仮定が含まれています。野村の実際の経営成績はここに記載されている将来に対する予測と大きく異なる可能性があります。

エグゼクティブ・サマリー

《全体の業績について》

当期の収益合計（金融費用控除後）は，前期比2.1％減の1兆3,356億円，金融費用以外の費用は同4.3％増の1兆1,861億円となりました。税引前当期純利益は1,495億円，当社株主に帰属する当期純利益は928億円となりました。自己資本利益率は3.1％となり，また，当期のEPS（注）は前期の45.23円から29.74円となっております。なお，2023年3月末を基準日とする配当金は，1株当たり12円とし，年間での配当は1株につき17円といたしました。

(注) 希薄化後1株当たり当社株主に帰属する当期純利益

《当期の業績に特に影響を与えた事象の経営者評価》

当期は，地政学リスクの高まりや，世界的なインフレ，米国をはじめとした主要中央銀行による積極的な金融引き締めの動きなどを受け，世界経済の先行き不安が高まったことなどから，マーケットが大きく変動する局面が多く見られました。このような環境のなか，お客様一人ひとりのニーズにお応えするための体制整備および既存ビジネスの強化，新たな分野への挑戦に取り組んできました。

営業部門では，特に上半期は不透明な市場環境を受けお客様の投資マインドが低下し，フロー収入等（ブローカレッジ収入やコンサルティング関連収入など取引に付随して発生する収入，ローン関連以外の金融収益等）が低調となりました。一方，市場環境を踏まえた丁寧なコンサルティングと残高拡大の取組みが浸透し，ストック資産純増を継続することでストック収入（投資信託，投資一任，保険，ローン，レベルフィーなどの残高から発生する収入や継続的に発生する収入）は前期比2％の増加となりました。ストック収入費用カバー率（金融費用以外の費用に対するストック収入の比率）は2022年3月期の49％から2023年3月期は51％に伸長しています。

インベストメント・マネジメント部門では，成功報酬等の減収を，航空機リースを手掛ける野村バブコックアンドブラウン株式会社の業績改善で相殺し，事業

収益は前年並みの水準を維持しました。コア投信やオルタナティブ運用資産への資金流入も継続しています。一方で，投資損益の減少により部門利益は前期比減益となりました。

　ホールセール部門では，マクロ・プロダクト中心にフィクスト・インカムが増収，エクイティも米国顧客取引に起因する損失がなくなり，収益が回復しました。インベストメント・バンキングでは，株式発行やM&Aを中心にグローバル・フィープールが大幅に減少するという難しい環境のなか，エクイティ・プライベート・プレイスメント案件の貢献により，アドバイザリー収益は底堅く推移しています。一方で円安進行による影響およびインフレによる固定費の上昇により部門費用が増加し，利益を押し下げる要因となりました。

《資本政策と株主還元の考え方》

　当社は，適正な資本比率を確保しつつ，最適な資本配分を通じて持続可能な成長を実現したいと考えております。経営ビジョン達成に向けた布石として，コスト水準は抑制しながらも，パブリックに加え，プライベート領域のビジネスを拡大する為の成長投資も行うことで，投資と株主還元のバランスを図るとともに，当社の生産性向上と収益源の拡大を通じた株主価値の最大化を目指しています。

　配当については，半期毎の連結業績を基準として，連結配当性向30％を重要な指標の１つとして設定しており，また，自己株式取得による株主還元分を含めた総還元性向を50％以上とすることを，株主還元上の目処といたします。各期の株主還元の総額は，バーゼル規制強化をはじめとする国内外の規制環境の動向，連結業績をあわせて総合的に勘案し，決定することとしています。なお，2024年３月期以降の配当については，半期毎の連結業績を基準として，連結配当性向40％以上とすることを重要な指標の１つとする方針に変更いたしました。

　詳細は「第４［提出会社の状況］　３［配当政策］」をご参照ください。

　各部門の状況については以下のとおりです。

　2023年３月期の営業部門の収益合計（金融費用控除後）は，前期比8.5％減の3,002億円，金融費用以外の費用は同0.8％減の2,667億円となりました。その結果，税引前当期純利益は同43.5％減の335億円となりました。営業部門では，

「お客様の資産の悩みに応えて，お客様を豊かにする」という基本観のもと，お客様一人ひとりに寄り添い，「最も信頼できるパートナー」を目指して資産コンサルティング業への進化に取り組んでまいりました。当期は不透明な市場環境が継続し，株式・投資信託の買付が低水準に留まるなど，フロー収入等は低調でしたが，お客様の資産全体に対するコンサルティングが奏功し，ストック資産拡大に向けた取り組みが進捗しています。また，職域サービスによる接点拡大を通じて，持続的な顧客基盤の構築，部門の中長期的なサービス拡大を目指していますが，現役世代を含め，順調に職域サービスを提供するお客様を拡大することができております。今後は領域別アプローチを強化しながら，資産運用に加え，不動産・相続・資産承継といった多様な悩みの解決に向けた商品・サービスの充実を図ってまいります。

　2023年3月期のインベストメント・マネジメント部門の収益合計（金融費用控除後）は，前期比13.1％減の1,286億円，金融費用以外の費用は同11.2％増の851億円となりました。その結果，税引前当期純利益は同39.2％減の435億円となりました。インベストメント・マネジメント部門では，多様化するお客様の運用ニーズに応える商品ラインナップの拡充やサービスの向上を目的に，広義のアセット・マネジメント・ビジネスに取り組んでまいりました。運用資産残高が全体として微減となったものの，航空機リースを手掛ける野村バブコックアンドブラウン株式会社の業績の改善等が貢献し，事業収益は前年並みを維持しました。一方，アメリカン・センチュリー・インベストメンツ関連損益と野村キャピタル・パートナーズ株式会社の投資先企業の評価益・売却益の減少により，投資損益は前期比で減少しました。当期は，プライベート領域への拡大の一環として，不動産やインフラへの投資運用を行う野村リアルアセット・インベストメント株式会社を野村不動産ホールディングス株式会社との合弁で新設しました。また，世界有数の森林アセットマネジメント事業者であるニューフォレスト Pty Limited.の株式を取得しました。さらに，ノムラ・プライベート・キャピタル LLC を設立し，米国でのプライベート資産運用ビジネスに着手しました。

　2023年3月期のホールセール部門の収益合計（金融費用控除後）は，前期比9.9％増の7,724億円，金融費用以外の費用は，同18.2％増の7,430億円となり

ました。その結果,税引前当期純利益は60.6%減の294億円となりました。グローバル・マーケッツは,リスク管理を強化しながら引き続きそれぞれの地域で強みのあるコアビジネスに注力するとともに,マクロ環境のパラダイムシフトによるマーケットの不透明感とボラティリティの高まりの中で投資家のポートフォリオのリバランス取引やヘッジ取引などに対して丁寧に流動性を提供しました。フロービジネスに加えて,ストラクチャード・ファイナンスやソリューションビジネスなど顧客ニーズへの適切な対応を通じて,収益を積み上げました。インベストメント・バンキングは,地政学リスクや金融政策をめぐる市場環境の不透明感から顧客の慎重姿勢が強まり,顧客アクティビティは前期比で低調となりました。これらの結果,エクイティファイナンスや買収ファイナンスに加え M&A においても案件が減少し通期では減益となりましたが,顧客との丁寧な対話を行いながらニーズの把握に努め,エクイティ・プライベート・プレイスメントやプライベート型のファイナンスの他,顧客のヘッジやリスク管理ニーズに対応したソリューションビジネス等に注力しました。

主要なパフォーマンス指標の進捗
《経営指標》
　自己資本利益率（ROE）
　　当社は,「社会課題の解決を通じた持続的成長の実現」を経営ビジョンとして掲げ,2025年3月期に向け自己資本利益率（ROE）を最も重視する指標の1つとして設定しています。国内でコーポレートガバナンス・コードが導入された後,日本企業においては資本コストを意識した経営の重要性が高まっております。加えて,金融業界においては,世界的な金融規制の枠組みのもとで,さらなる資本の有効活用が求められています。そのため,当社では,経営資源の最適配分という観点がより一層重要になるということに鑑み,2020年5月に開催された取締役会での決定を踏まえ「経営の基本方針」を改定するとともに,2021年3月期より,重要な経営指標として自己資本利益率（ROE）を用い,ビジネスの持続的な変革を図ることとしました。
　　ROEは当社株主に帰属する当期純利益を前期末当社株主資本合計および当

期末当社株主資本合計の平均で除した値と定義しています。ROEの開示は，企業価値の向上や，投資家の皆様が当社の経営状況や資本の有効活用の状況を把握するためにも有益だと考えています。

ROEの目標水準としては，当社に求められる資本コストを意識し，2025年3月期において8～10％の水準を掲げております。一方で，ROEは必ずしも財務の健全性を反映するものではないと考えられることから，ROE向上を企図した過度な資本効率の追求を行うことのないよう，財務健全性に十分に配慮した上での企業価値の創造を重視し，ROEの向上に努めております。なお，2023年3月期のROEは，2022年3月期の5.1％から減少し，3.1％となりました。

普通株式等Tier1比率

野村グループが遵守しなくてはならないグローバル金融規制は複数ありますが，なかでもバーゼル委員会および金融庁が定める自己資本規制は，当社のビジネスの在り方に，直接影響を及ぼすものです。そのため当社は，連結普通株式等Tier1比率を11％以上に維持することを掲げ，厳しいマーケットストレス等がかかった際のバッファーを含む財務健全性についても考慮しております。なお，2023年3月期の連結普通株式等Tier1比率は，2022年3月期の17.22％から減少し，16.32％となりました。当社の普通株式等Tier1比率の詳細と算定方法については，「第2［事業の状況］ 4［経営者による財政状態，経営成績及びキャッシュ・フローの状況の分析］ (5) 流動性資金調達と資本の管理」の「連結自己資本規制」の項目をご参照ください。

《事業セグメント別の指標》

営業部門

営業部門の事業活動の成果を定量的に示す指標として，ストック資産，ストック資産純増，フロービジネス顧客数，職域サービス提供数の4項目を設定し，ビジネスの持続的な推進と発展を目指しています。これらの指標の開示は，営業部門のお客様との接点における進捗とともに持続可能な成長性を投資家の皆様が把握するに際して有益だと考えています。

	2021年3月期	2022年3月期	増減率	2023年3月期	増減率
ストック資産	18.2	19.6	7.7%	18.7	△4.6%

（単位：十億円）

	2021年3月期	2022年3月期	増減率	2023年3月期	増減率
ストック資産純増	△191.3	477.2	-%	333.7	△30.1%

（単位：千件）

	2021年3月期	2022年3月期	増減率	2023年3月期	増減率
フロービジネス顧客数	1,534	1,505	△1.9%	1,446	△3.9%
職域サービス提供数	3,242	3,357	3.5%	3,489	3.9%

　ストック資産は，投資信託や投資一任など，お預り資産に対し運用管理費用等の手数料を頂戴する資産の総額に関連ローンを加算して算出しています。当該ローン金額は2023年3月期の連結財務諸表の貸付金として報告されているうちの約7,219億円です。2023年3月末時点のストック資産残高は18.7兆円であり，市場要因により2022年3月末より減少しています。

　ストック資産純増は，ストック資産の買付・流入金額から売却・流出金額を差引した金額であり，時価変動を除いたストック資産の拡大を測るための指標です。2023年3月期においてストック資産純増の年度累計は3,337億円であり，投資信託，投資一任などを中心にストック資産の純増を実現しています。

　フロービジネス顧客数は，フロービジネス（フロー収入が発生するビジネス）を提供している顧客数の合計であり，フロー収入の拡大を実現するために重要な顧客基盤の拡大を測るための指標です。2023年3月末時点のフロービジネス顧客数は144.6万件と2022年3月期を下回っており，顧客基盤の拡大が課題となっています。

　職域サービス提供数は，持株会会員数，持株会由来口座数（現会員除く），企業型DC加入者など，職域に関連するサービスの提供数を合算した数字であり，職域ビジネスを通じた顧客基盤の拡大を測るための指標です。2023年3月末時点の職域サービス提供数は348.9万件です。持株会会員数の増加を中心に，目標を上回る水準で拡大を実現しており，持続的な成長に繋がる顧客基盤の拡大を実現しています。

インベストメント・マネジメント部門

　インベストメント・マネジメント部門の事業活動の成果を定量的に示す指標として，運用資産残高を設定しております。運用資産残高は，インベストメント・マネジメント部門における運用ビジネスの収益源であり，運用ビジネスの進捗状況を把握する上で有効であると考えております。また，運用プロダクトがどの程度投資家の皆様に受け入れられたか把握する上で，重要な指標になります。2022年3月期から資金純流入についてもインベストメント・マネジメント部門の成果を定量的に示す指標としております。資金純流入は，運用資産残高の増減から市場要因等を除いた運用ビジネスの進捗動向を把握する上で有効であると考えております。運用資産の拡大，それによる部門収益拡大目標の達成における施策の効果を確認する上で，重要な指標になります。

（単位：兆円）

	2021年3月期	2022年3月期	増減率	2023年3月期	増減率
運用資産残高	64.7	67.9	4.9%	67.3	△0.9%

（単位：十億円）

	2022年3月期	2023年3月期	増減率
資金純流入	2,066	△760	-%

　運用資産残高は，野村アセットマネジメント，ノムラ・コーポレート・リサーチ・アンド・アセット・マネジメント，ウエルス・スクエアの運用資産の単純合計（グロス）から重複資産を控除したものに加えて，野村スパークス・インベストメント，野村メザニン・パートナーズ，野村キャピタル・パートナーズおよび野村リサーチ・アンド・アドバイザリーに対する第三者による投資額を含むものとなります。資金純流入は，資金流入額から資金流出額を差し引いた額となります。なお当該資金流出額は，分配金による流出額を含まない額となります。当期は，投資信託ビジネスでは，ETFから資金が流出したものの，日本株ファンドや安定的な資産形成に資するバランスファンド，確定拠出年金向けファンド等への資金流入により，ETF以外の公募投資信託の残高が増加しました。投資顧問・海外ビジネス他では，国内年金からまとまった資金流出があったほか，世界的な金融引き締めを受け，国内外の投資家によるリスク回避的な動きからの資金流出がありました。これらの資金増減や市場要因等により，全体の運用資産残高は微

減となりました。

ホールセール部門

　ホールセール部門では経費率と収益／調整リスクアセットを主要なパフォーマンス指標として採用しています。これらKPIの開示は投資家に対してコストおよびリソース運用の効率性を示すうえで有効であり，マネジメントはビジネスにおけるコスト削減と収益力の評価に活用しています。

	2021年3月期	2022年3月期	増減	2023年3月期	増減
経費率 ………………………	91 %	89 %	△2%	96 %	7%
収益／調整リスクアセット ………	6.4%	7.0%	0.6%	6.5%	△0.5%

　経費率は，対象期間の金融費用以外の費用を同期間の収益合計（金融費用控除後，年換算）で除して算出しており，部門運営の効率性を確認するために使用しています。2023年3月期は，フィクスト・インカムの増収やエクイティの米国顧客取引に起因する損失が剥落したことで収益が増加した一方，マーケット環境の悪化によるインベストメント・バンキングの収益減収や円安の進行，インフレによる費用の増加により前期に比べて比率は増加しました。2022年3月期は，米国顧客取引に関する影響の減少により前期に比べて比率は減少しましたが，当社の採用に関する戦略および市場要因により費用が増加しています。

　収益／調整リスクアセットは，対象期間の収益合計（金融費用控除後，年換算）を部門が使用する同期間の調整リスクアセット（各会計期間の日次平均）で除して算出しており，使用リソースに対する収益率をそれぞれ確認するために使用しています。調整リスクアセットは，（1）バーゼルⅢ規制のリスクアセットと，（2）バーゼルⅢ規制の資本調整項目を当社が内部で設定する最低資本比率で除したリスクアセット相当額の合計です。各部門の活動に起因する控除額は内部の最低資本比率（12.5%）で除したうえで各部門のリソース使用額にチャージしたものを，調整リスクアセットとしています。当社の収益／調整リスクアセットは，計算手法等の違いにより他社の提示している同様の指標とは定義が異なる可能性があります。当社の信用リスク・アセットおよびオペレーショナル・リスク相当額は金融庁の承認を経て基礎的内部格付手法および標準的手法によりそれぞれ算出しています。市場リスク相当額については，内部モデル方式により算出しています。

ホールセール部門のリスクアセット（RWA）の調整RWAへの換算は，社内の最低自己資本比率目標を反映して調整しています。また，収益／調整リスクアセットは，RWAに適用される調整が当社の事業部門に帰属するRWAの適切な金額を（規制上の資本として計算されるRWAとは対照的に）把握することを目的としたものであり，当社内部でのリスク許容度を反映した推定値であるという点で，その有用性が制限される可能性があり，当該調整は実際のリソースの用途については正確に反映していない可能性もあります。2023年3月期の収益／調整リスクアセットの減少は，全体の収益は増加したものの，円安による調整リスクアセットが増加したことが主な要因です。2022年3月期の収益／調整リスクアセットの増加は，主に前述の米国顧客取引に関する損失の影響が減少したことおよび，投資銀行業務手数料が増加したことによるものです。

経営成績

損益概況

野村の主要な連結損益計算書情報は以下のとおりであります。

	2021年3月期 （百万円）	2022年3月期 （百万円）		2023年3月期 （百万円）	
金融収益以外の収益：			増減率		増減率
委託・投信募集手数料	376,897	332,344	△11.8%	279,857	△15.8%
投資銀行業務手数料	108,681	149,603	37.7%	113,208	△24.3%
アセットマネジメント業務手数料	230,047	269,985	17.4%	271,684	0.6%
トレーディング損益	310,040	368,799	19.0%	563,269	52.7%
プライベートエクイティ・デット 投資関連損益	12,734	30,768	141.6%	14,504	△52.9%
投資持分証券関連損益	14,053	5,446	△61.2%	△1,426	―
その他	208,317	152,832	△26.6%	130,940	△14.3%
金融収益以外の収益合計	1,260,769	1,309,777	3.9%	1,372,036	4.8%
純金融収益	141,103	54,113	△61.7%	△36,459	―
収益合計 （金融費用控除後）	1,401,872	1,363,890	△2.7%	1,335,577	△2.1%
金融費用以外の費用	1,171,201	1,137,267	△2.9%	1,186,103	4.3%
税引前当期純利益	230,671	226,623	△1.8%	149,474	△34.0%
法人所得税等	70,274	80,090	14.0%	57,798	△27.8%
当期純利益	160,397	146,533	△8.6%	91,676	△37.4%
差引：非支配持分に帰属する当期純利益 （△損失）	7,281	3,537	△51.4%	△1,110	―
当社株主に帰属する当期純利益	153,116	142,996	△6.6%	92,786	△35.1%
自己資本利益率（ROE）	5.7%	5.1%		3.1%	

2023年3月期の収益合計（金融費用控除後）は減少しました。この減少は，主に営業部門において委託・投信募集手数料が減少したことおよび純金融収益が減少したことによります。委託・投信募集手数料は，株式買付や投資信託募集買付にかかる手数料が減少しました。投資銀行業務手数料は引受・売出手数料の減少が収益減少に寄与しました。アセットマネジメント業務手数料は若干増加したものの全体として横ばいに推移しました。トレーディング損益は，主に米国顧客との取引に起因する損失の剥落により増収となりました。またトレーディング損益には，デリバティブ負債に対して認識する自社クレジットの変化による損失額

34億円が含まれております。この損失は主にクレジット・スプレッドが縮小したことによるものであります。投資持分証券関連損益は，株価の上昇が限定的で減収となりました。また投資持分証券関連損益には，野村が営業目的で保有する株式等の評価損益と売買損益が含まれます。これらの投資は，取引促進の目的で長期保有する関連会社以外の投資持分証券です。その他は，関連会社売却益が減少しております。

　2022年3月期の収益合計（金融費用控除後）は減少しました。この減少は，主に営業部門において委託・投信募集手数料が減少したことによります。委託・投信募集手数料は，株式買付や投資信託募集買付にかかる手数料が減少しました。投資銀行業務手数料はアドバイザリー・ビジネスが収益増加に貢献しました。アセットマネジメント業務手数料は営業部門におけるストック収入の増加やインベストメント・マネジメント部門における運用資産残高の増加による手数料の増加等を受けて増加しました。トレーディング損益は，主に米国顧客との取引に起因する損失の縮小により増収となりました。またトレーディング損益には，デリバティブ負債に対して認識する自社クレジットの変化による収益82億円が含まれております。この収益は主にクレジット・スプレッドが拡大したことによるものであります。投資持分証券関連損益は，株価の上昇が限定的で減収となりました。また投資持分証券関連損益には，野村が営業目的で保有する株式等の評価損益と売買損益が含まれます。これらの投資は，取引促進の目的で長期保有する関連会社以外の投資持分証券です。その他は，アメリカン・センチュリー・インベストメンツ関連損益などにより減少しております。

　2021年3月期の収益合計（金融費用控除後）は，ホールセール部門において米国顧客との取引に起因する損失を計上したものの増加しました。この増加は，主に営業部門において委託・投信募集手数料が増加したことによります。委託・投信募集手数料は，株式買付や投資信託募集買付にかかる手数料が増加しました。投資銀行業務手数料はM＆Aやファイナンスに付随するソリューションビジネスが収益増加に貢献しました。アセットマネジメント業務手数料は手数料率の低下等を受けて減少しました。トレーディング損益は，主に米国顧客との取引に起因する損失により減収となりました。またトレーディング損益には，デリバティブ

負債に対して認識する自社クレジットの変化による損失額134億円が含まれております。この損失は主に新型コロナウイルスの感染が拡大した2020年3月末に一時的に拡大したクレジット・スプレッドが縮小したことによるものであります。投資持分証券関連損益は，2021年3月期中の株価の上昇を受け増収となりました。また投資持分証券関連損益には，野村が営業目的で保有する株式等の評価損益と売買損益が含まれます。これらの投資は，取引促進の目的で長期保有する関連会社以外の投資持分証券です。その他は，日本橋一丁目中地区第一種市街地再開発事業の権利変換にともなう一時的な利益711億円を計上したことなどにより増加しております。

　純金融収益は，トレーディング資産およびレポ・リバースレポ取引を含む総資産・負債の水準と構成，ならびに，金利の期間構造とボラティリティに左右されます。純金融収益は，トレーディング業務と不可分な1つの要素であり，野村は，特にグローバル・マーケッツについて，純金融収益と金融収益以外の収益との合計額で，ビジネス全体の収益性を評価しております。2023年3月期においては，アメリカン・センチュリー・インベストメンツ社からの配当を含む金融収益は前期比292％増加，また，金融費用も前期比400％増加し，その結果，2023年3月期の純金融収益は2022年3月期から減少しました。2022年3月期においては，アメリカン・センチュリー・インベストメンツ社からの配当を含む金融収益は前期比20％減少，また，金融費用も前期比7％増加し，その結果，2022年3月期の純金融収益は2021年3月期から減少しました。

　2023年3月期の金融費用以外の費用は，米国顧客との取引に起因する貸倒引当金の追加計上による損失の剥落があったものの人件費の増加により前年度比で増加しました。

　2022年3月期の金融費用以外の費用は，米国顧客との取引に起因する貸倒引当金の追加計上による損失があったものの前年度比で減少，および前期に計上した当社の持分法適用関連会社である野村不動産ホールディングス株式会社に対する投資にかかる減損損失477億円の剥落などにより減少しました。

　野村は，日本においてさまざまな税金を課されており，2022年4月1日より日本にて連結納税制度からグループ通算制度へ移行しております。このグループ

通算制度は，国税だけを対象としています。国内の法定実効税率は，2021年3月期，2022年3月期，2023年3月期において，31％となっております。海外子会社は現地で課税を受けており，通常国内より低い税率が適用されています。そのため野村の各期の実効税率は，各地域での損益状況や，各地域で適用される特有の税務上の取扱いにも影響を受けています。

2023年3月期の実効税率は38.7％となりました。この実効税率38.7％と法定実効税率31％の差異の重要な要因は，益金に算入されない収益項目の影響により4.7％実効税率が引き下げられた一方で，評価性引当金の増減により11.3％実効税率が引き上げられたことがあげられます。

2022年3月期の実効税率は35.3％となりました。この実効税率35.3％と法定実効税率31％の差異の重要な要因は，海外の税制改正の影響により14.4％実効税率が引き下げられた一方で，評価性引当金の増減により18.0％実効税率が引き上げられたことがあげられます。

2021年3月期の実効税率は30.5％となりました。この実効税率30.5％と法定実効税率31％の差異の重要な要因は，子会社・関連会社株式等の評価減の税務上の認容見込みにより8.7％実効税率が引き下げられた一方で，評価性引当金の増減により8.7％実効税率が引き上げられたことがあげられます。

事業セグメント別経営成績

2021年4月1日に，アセット・マネジメント部門およびマーチャント・バンキング部門を廃止し，インベストメント・マネジメント部門を新設いたしました。これにより，野村の業務運営および経営成績の報告は，営業部門，インベストメント・マネジメント部門，ホールセール部門の区分で行われており，この部門体制に基づき，事業別セグメント情報を開示しております。経済的ヘッジ取引に関連する損益，一部の営業目的で保有する投資持分証券の実現損益，関連会社利益（損失）の持分額，本社勘定，その他財務調整項目等は，事業セグメント別情報においては，"その他"として表示されています。

営業目的で保有する投資持分証券評価損益の一部は，セグメント情報には含まれておりません。なお，事業セグメント別経営成績については，［第5［経理の状況］ 1［連結財務諸表等］ （1）［連結財務諸表］ ［連結財務諸表注記］ 20

セグメントおよび地域別情報」にも記載がございます。また，そこでは，連結財務諸表数値と事業セグメント別数値の調整計算についても説明がありますのでご参照ください。

営業部門

営業部門の経営成績

（単位：百万円）

	2021年3月期	2022年3月期	増減率（%）	2023年3月期	増減率（%）
金融収益以外の収益	366, 271	324, 642	△11. 4	297, 496	△8. 4
純金融収益	2, 538	3, 343	31. 7	2, 695	△19. 4
収益合計（金融費用控除後）	368, 809	327, 985	△11. 1	300, 191	△8. 5
金融費用以外の費用	276, 480	268, 745	△2. 8	266, 695	△0. 8
税引前当期純利益	92, 329	59, 240	△35. 8	33, 496	△43. 5

2023年3月期の営業部門の収益合計（金融費用控除後）は，主に委託・投信手数料の減少により，全体として減少しました。

2022年3月期の営業部門の収益合計（金融費用控除後）は，主に委託・投信手数料の減少により，全体として減少しました。

2023年3月期の金融費用以外の費用は，収益減少にともなう賞与の減少により，減少しました。

2022年3月期の金融費用以外の費用は，収益減少にともなう賞与の減少により，減少しました。

　下の表は，2022年3月期，2023年3月期の商品別の金融収益以外の収益構成の内訳を示しています。

（単位：百万円）

	2022年3月期	2023年3月期	増減率（%）
委託・投信募集手数料	138, 525	112, 455	△18. 8
株式委託手数料	67, 419	50, 901	△24. 5
投資信託募集手数料	43, 537	30, 183	△30. 7
その他手数料	27, 569	31, 371	13. 8
トレーディング損益	43, 981	44, 171	0. 4
投資銀行業務手数料	19, 003	16, 184	△14. 8
投資信託残高報酬	109, 300	108, 085	△1. 1
その他	13, 833	16, 601	20. 0
金融収益以外の収益	324, 642	297, 496	△8. 4

　2023年3月期の委託・投信募集手数料は，主に株式委託手数料，投資信託募集手数料の減少により減少しました。2023年3月期のトレーディング損益は，若干増加しましたが前期から横ばいに推移しました。

営業部門顧客資産残高

　下の表は，2022年3月末，2023年3月末の営業部門顧客資産残高と，その

内訳を示しています。営業部門顧客資産には営業部門の顧客の預かり資産および変額年金保険商品に関連する資産が含まれています。

（単位：兆円）

	期首顧客資産残高	資金流入額	資金流出額	時価評価損益	期末顧客資産残高
	2022年3月31日				
株式	82.3	19.5	△19.8	△4.5	77.5
債券	18.1	15.5	△13.3	△2.6	17.7
株式型投資信託	10.2	2.4	△2.1	0.3	10.8
債券型投資信託	8.0	0.3	△0.6	△0.2	7.5
外国投資信託	1.1	0.2	0.0	0.0	1.3
その他	6.9	1.1	△0.5	△0.2	7.3
合計	126.6	39.0	△36.3	△7.2	122.1

（単位：兆円）

	期首顧客資産残高	資金流入額	資金流出額	時価評価損益	期末顧客資産残高
	2022年3月31日				
株式	82.3	19.5	△19.8	△4.5	77.5
債券	18.1	15.5	△13.3	△2.6	17.7
株式型投資信託	10.2	2.4	△2.1	0.3	10.8
債券型投資信託	8.0	0.3	△0.6	△0.2	7.5
外国投資信託	1.1	0.2	0.0	0.0	1.3
その他	6.9	1.1	△0.5	△0.2	7.3
合計	126.6	39.0	△36.3	△7.2	122.1

　2023年3月末の営業部門顧客資産残高は，2022年3月末に比べ増加しました。2023年3月末の株式関連資産残高は，資金が流入し0.5兆円増加し，78.0兆円となりました。また，2023年3月末の投資信託残高は，2022年3月末の19.6兆円から1.4兆円減少し，18.2兆円となりました。

　2022年3月末の営業部門顧客資産残高は，2021年3月末に比べ減少しました。2022年3月末の株式関連資産残高は，株価の下落により時価評価益が減少し，77.5兆円となりました。また，2022年3月末の投資信託残高は，2021年3月末の19.3兆円から0.3兆円増加し，19.6兆円となりました。

(point) **設備投資等の概要**

セグメントごとの設備投資額を公開している。多くの企業にとって設備投資は競争力向上・維持のために必要不可欠だ。企業は売上の数％など一定の水準を設定して毎年設備への投資を行う。半導体などのテクノロジー関連企業は装置産業であり，技術発展のスピードが速いため，常に多額の設備投資を行う宿命にある。

インベストメント・マネジメント部門

インベストメント・マネジメント部門の経営成績

(単位：百万円)

	2021年3月期	2022年3月期	増減率（%）	2023年3月期	増減率（%）
金融収益以外の収益	153,523	129,848	△15.4	120,096	△7.5
純金融収益	9,627	18,145	88.5	8,463	△53.4
収益合計（金融費用控除後）	163,150	147,993	△9.3	128,559	△13.1
金融費用以外の費用	72,142	76,478	6.0	85,064	11.2
税引前当期純利益	91,008	71,515	△21.4	43,495	△39.2

　2023年3月期の収益合計（金融費用控除後）は，アメリカン・センチュリー・インベストメンツ関連損益の減少により減少しました。

　2022年3月期の収益合計（金融費用控除後）は，アメリカン・センチュリー・インベストメンツ関連損益の減少により減少しました。

　2023年3月期の金融費用以外の費用は，主に為替の変動およびインフレにともなう費用の増加により増加しました。

　2022年3月期の金融費用以外の費用は，主に事業収益の増加にともなう人件費の増加により増加しました。

　インベストメント・マネジメント部門の収益合計（金融費用控除後）の内訳は以下のとおりです。

(単位：百万円)

	2021年3月期	2022年3月期	増減率（%）	2023年3月期	増減率（%）
事業収益(1)	111,946	119,920	7.1	120,664	0.6
投資損益(2)	51,204	28,073	△45.2	7,895	△71.9
収益合計（金融費用控除後）	163,150	147,993	△9.3	128,559	△13.1

(注) 当期の開示様式に合わせて過年度の数値を組み替えて表示しております。

(1)　投資損益を除く部門収益であり，主にアセット・マネジメント事業からの収益（アメリカン・センチュリー・インベストメンツ関連損益を除く），野村バブコックアンドブラウン株式会社の航空機リース関連事業収益およびプライベート・エクイティ等の投資事業における管理報酬により構成

(2)　部門収益のうち投資に起因するものであり，主にアメリカン・センチュリー・インベストメンツ社への投資，プライベート・エクイティ等の投資事業における投資にかかる損益（公正価値の変動，資金調達コストおよび配当金を含む）により構成

(point) 主要な設備の状況

　「設備投資等の概要」では各セグメントの1年間の設備投資金額のみの掲載だが，ここではより詳細に，現在セグメント別，または各子会社が保有している土地，建物，機械装置の金額が合計でどれくらいなのか知ることができる。

下の表は，2022年3月末，2023年3月末のインベストメント・マネジメント部門の運用会社別の運用資産残高を示しています。

（単位：十億円）

| | 2022年3月31日 | | | | |
	期首運用資産残高	資金流入額	資金流出額	時価評価損益	期末運用資産残高
野村アセットマネジメント	66,158	26,883	△25,549	2,100	69,592
ノムラ・コーポレート・リサーチ・アンド・アセット・マネジメント他	3,300	944	△690	313	3,867
単純合計	69,458	27,827	△26,239	2,413	73,459
グループ運用会社間の重複資産	△4,792	△1,462	1,163	△455	△5,546
合計	64,666	26,365	△25,076	1,958	67,913

（単位：十億円）

| | 2023年3月31日 | | | | |
	期首運用資産残高	資金流入額	資金流出額	時価評価損益	期末運用資産残高
野村アセットマネジメント	69,592	23,168	△24,762	1,094	69,092
ノムラ・コーポレート・リサーチ・アンド・アセット・マネジメント他	3,867	1,040	△1,074	35	3,868
単純合計	73,459	24,208	△25,836	1,129	72,960
グループ運用会社間の重複資産	△5,546	△1,409	1,382	△115	△5,688
合計	67,913	22,799	△24,454	1,014	67,272

2023年3月期の運用資産残高は，対前期比横ばいでした。

下の表は，2021年，2022年，2023年それぞれの3月末時点の，野村アセットマネジメントの日本の公募投資信託市場におけるシェア（純資産残高ベース）を示しています。

	2021年3月31日	2022年3月31日	2023年3月31日
公募投資信託合計	28%	27%	27%
株式型投資信託	26%	25%	25%
公社債型投資信託	44%	44%	44%

（出所）一般社団法人投資信託協会の統計データを基に作成

2023年3月末における野村アセットマネジメントの運用資産残高に占める国内投資信託残高は，48.0兆円と，対前期比横ばいでした。

2022年3月末における野村アセットマネジメントの運用資産残高に占める国

（point）**設備の新設，除却等の計画**

ここでは今後，会社がどの程度の設備投資を計画しているか知ることができる。毎期どれくらいの設備投資を行っているか確認すると，技術等での競争力維持に積極的な姿勢かどうか，どのセグメントを重要視しているか分かる。また景気が悪化したときは設備投資額を減らす傾向にある。

内投資信託残高は，47.9兆円と，対前期比1.3兆円，3％増加しました。その内訳は，1.0兆円の資金流入と0.3兆円の運用増によるものです。主に「TOPIX連動型上場投信」といった上場投資信託で残高が増加しました。

ホールセール部門

ホールセール部門の経営成績

　ホールセール部門の経営成績はグローバル・マーケッツとインベストメント・バンキングにより構成されています。また，グローバル・マーケッツはフィクスト・インカムとエクイティにより構成されています。

（単位：百万円）

	2021年3月期	2022年3月期	増減率（％）	2023年3月期	増減率（％）
金融収益以外の収益	524,019	617,227	17.8	809,681	31.2
純金融収益	167,337	85,828	△48.7	△37,301	―
収益合計（金融費用控除後）	691,356	703,055	1.7	772,380	9.9
金融費用以外の費用	627,051	628,563	0.2	743,011	18.2
税引前当期純利益	64,305	74,492	15.8	29,369	△60.6

　2023年3月期のホールセール部門の収益合計（金融費用控除後）は増加しました。グローバル・マーケッツにおけるフィクスト・インカムは，マクロ・プロダクトを中心に好調で増収となりました。グローバル・マーケッツにおけるエクイティは，米国顧客との取引に起因する損失が剥落し増収となりました。またインベストメント・バンキングは，引受・売出手数料の減少により減収となりました。

　2022年3月期のホールセール部門の収益合計（金融費用控除後）は増加しました。グローバル・マーケッツにおけるフィクスト・インカムは，マクロ・プロダクトを中心に好調だった前期比で減収となりました。グローバル・マーケッツにおけるエクイティは，米国顧客との取引に起因する損失が縮小し増収となりました。またインベストメント・バンキングは，アドバイザリー・ビジネスにより増収となりました。

　2023年3月期の金融費用以外の費用は，円安による海外拠点の円建て費用の増加および人件費の増加により，前期から増加しました。

　2022年3月期の金融費用以外の費用は，前期の米国顧客との取引に起因する信用損失の剥落を，円安による海外拠点の円建て費用の増加が相殺し，前期からわずかに増加しました。

　次の表は，ホールセール部門における収益合計（金融費用控除後）における，

(point) **株式の総数等**

　発行可能株式総数とは，会社が発行することができる株式の総数のことを指す。役員会では，株主総会の了承を得ないで，必要に応じてその株数まで，株を発行することができる。敵対的TOBでは，経営陣が，自社をサポートしてくれる側に，新株を第三者割り当てで発行して，買収を防止することがある。

グローバル・マーケッツおよびインベストメント・バンキングの内訳表でありま
す。

（単位：百万円）

	2021年3月期	2022年3月期	増減率（%）	2023年3月期	増減率（%）
ホールセール部門 収益合計 （金融費用控除後）：					
グローバル・マーケッツ	575,533	556,417	△3.3	656,298	18.0
インベストメント・バンキング	115,823	146,638	26.6	116,082	△20.8
収益合計（金融費用控除後）	691,356	703,055	1.7	772,380	9.9

グローバル・マーケッツ

　野村は長年にわたって主に国内外の機関投資家を対象として，債券・株式や為替およびそれらのデリバティブ商品のセールスとトレーディングをグローバルに展開してきました。近年では，より多様化・複雑化するお客様からのご要望にお応えするため，トレーディング能力と商品組成能力の強化に取り組み，国内外の機関投資家のみならず，営業部門およびインベストメント・マネジメント部門にさまざまな高付加価値商品を提供すると同時に，インベストメント・バンキングとも協働し，付加価値の高いソリューションを提供しています。また，国内外の機関投資家に加えて，国内の富裕層・諸法人や地域金融機関，国内外の政府機関や金融機関・事業法人などと強固な関係を構築し，ビジネスを拡大しております。これにより，お客様がどのような商品を求めているかを把握し，そのニーズに合わせた商品を国内外のプロダクトラインにおいて迅速に開発・提供することが可能となっております。

　2023年3月期のグローバル・マーケッツの収益合計（金融費用控除後）のうち，フィクスト・インカムの2023年3月期の収益合計（金融費用控除後）は，2022年3月期の3,269億円から4,024億円となりました。マクロ・プロダクトを中心に好調で前期比で増収となりました。エクイティの2023年3月期の収益合計（金融費用控除後）は2022年3月期の2,295億円から2,539億円となりました。米国顧客との取引に起因する損失の剥落を主因として増収となりました。

　2022年3月期のグローバル・マーケッツの収益合計（金融費用控除後）のうち，フィクスト・インカムの2022年3月期の収益合計（金融費用控除後）は，2021年3月期の4,419億円から3,269億円となりました。マクロ・プロダクトを中心

(point) 連結財務諸表等

　ここでは主に財務諸表の作成方法についての説明が書かれている。企業は大蔵省が定めた規則に従って財務諸表を作るよう義務付けられている。また金融商品法に従い，作成した財務諸表がどの監査法人によって監査を受けているかも明記されている。

に好調だった前期比で減収となりました。エクイティの2022年3月期の収益合計（金融費用控除後）は2021年3月期の1,336億円から2,295億円となりました。米国顧客との取引に起因する損失の縮小を主因として増収となりました。

インベストメント・バンキング

野村は，引受け，アドバイザリー等，多様なインベストメント・バンキング・サービスを提供しています。アジア，欧州，米国といった世界の主要な金融市場で，債券，株式，その他の引受業務を行っており，日本国内，クロスボーダーおよび海外のM&A／財務コンサルティング業務を継続的に強化してきました。また，グローバルでのオーダーメイド型サービス提供による，顧客との強固で長期的な関係を構築することを追求しております。

2023年3月期のインベストメント・バンキングの収益合計（金融費用控除後）は，引受・売出手数料により前期比で減収となりました。

2022年3月期のインベストメント・バンキングの収益合計（金融費用控除後）は，アドバイザリー・ビジネスにより前期比で増収となりました。

その他の経営成績

その他の経営成績には，経済的ヘッジ取引に関連する損益，一部の営業目的で保有する投資持分証券の実現損益，関連会社損益の持分額，本社勘定，その他の財務調整が含まれております。詳細につきましては，「第5［経理の状況］　1［連結財務諸表等］　（1）［連結財務諸表］　［連結財務諸表注記］　20　セグメントおよび地域別情報」をご参照ください。

その他の経営成績における税引前当期純利益（△損失）は，2021年3月期，2022年3月期，それぞれ△285億円，158億円，2023年3月期は主に株式会社野村総合研究所普通株式の売却関連利益約280億円を認識し，前年度に計上した，米国における世界金融危機（2007〜2008年）以前の取引に関連した約620億円の法的費用（将来的な損失発生の軽減を目的とした一定の取引を含みます。）の剥落もあり，734億円となりました。

2023年3月期に生じたデリバティブ負債に対する自社クレジットの変化に起因する損失54億円，カウンターパーティ・クレジット・スプレッドの変化に起因する利益47億円がその他の業績に含まれております。

（point）**連結財務諸表**

ここでは貸借対照表（またはバランスシート，BS），損益計算書（PL），キャッシュフロー計算書の詳細を調べることができる。あまり会計に詳しくない場合は，最低限，損益計算書の売上と営業利益を見ておけばよい。可能ならば，その数字が過去5年，10年の間にどのように変化しているか調べると会社への理解が深まるだろう。

2022年3月期に生じたデリバティブ負債に対する自社クレジットの変化に起因する利益67億円，カウンターパーティ・クレジット・スプレッドの変化に起因する損失12億円がその他の業績に含まれております。

　2021年3月期に生じたデリバティブ負債に対する自社クレジットの変化に起因する損失121億円，カウンターパーティ・クレジット・スプレッドの変化に起因する利益120億円がその他の業績に含まれております。

地域別経営成績

　地域別の収益合計（金融費用控除後），税引前当期純利益（損失）については「第5［経理の状況］　1［連結財務諸表等］　（1）［連結財務諸表］　［連結財務諸表注記］　20　セグメントおよび地域別情報」をご参照ください。

キャッシュ・フロー

　「(5) 流動性資金調達と資本の管理」をご参照ください。

(2) トレーディング業務の概要 …………………………………………………

トレーディング目的資産負債

　トレーディング目的資産および負債の内訳については「第5［経理の状況］　1［連結財務諸表等］　（1）［連結財務諸表］　［連結財務諸表注記］　2　公正価値測定　および　3　デリバティブ商品およびヘッジ活動」をご参照ください。

トレーディングのリスク管理

　野村はトレーディング業務における市場リスクの測定方法として，バリュー・アット・リスク（VaR）を採用しております。

(1) VaRの前提

　・信頼水準：95％

　・保有期間：1日

　・商品の価格変動等を考慮

　野村は，開示に使用する保有期間1日のVaRの信頼水準は95％を使用しております。2023年3月31日期の保有期間1日のVaRデータは以下のとおりです。

(point) **財務諸表**

　この項目では，連結ではなく単体の貸借対照表と，損益計算書の内訳を確認することができる。連結＝単体＋子会社なので，会社によっては単体の業績を調べて連結全体の業績予想のヒントにする場合があるが，あまりその必要性がある企業は多くない。

(2) VaRの実績

	2022年3月31日 (億円)	2023年3月31日 (億円)
株式関連	14	33
金利関連	23	47
為替関連	9	14
小計	46	94
分散効果	△19	△32
バリュー・アット・リスク（VaR）	27	62

	2023年3月期		
	最大値（億円）	最小値（億円）	平均値（億円）
バリュー・アット・リスク（VaR）	68	27	48

(3) 重要な会計方針および見積もり

　　重要な会計方針は当社の連結財務諸表の作成に最も重要な影響を与える会計方針であり，適用にあたって経営者による会計上の見積もりに関する最も困難かつ主観的で複雑な判断を必要とするものを指します。見積もりはその性質上，経営者の判断を必要とする仮定やその時点で利用可能な情報の範囲に依拠しています。将来の実績はこれらの見積もりと乖離する可能性があり，結果として連結財務諸表に重要な影響を及ぼす可能性があります。

　　下表は，重要な会計方針やこれらの会計方針の適用に含まれる重要な会計上の見積もり，見積もりの要素，経営者による仮定と判断，当連結会計年度における見積もりおよび仮定の変更の影響について当期特に重要なものを要約したものです。適用された重要な会計方針および重要な会計上の見積もりの詳細については「第5［経理の状況］1［連結財務諸表等］（1）［連結財務諸表］［連結財務諸表注記］1 会計処理の原則および会計方針の要旨」および下表に含まれる各連結財務諸表注記をご参照ください。

重要な会計方針	重要な会計上の見積もり	経営者による重要な主観的仮定または判断	当連結会計年度における見積もりおよび仮定の変更の影響
金融商品の公正価値評価 連結財務諸表 注記　2 公正価値測定	金融商品の公正価値の見積もり	野村が保有する金融商品は主に公正価値で評価されております。これらの金融商品の公正価値は観察可能な市場価格のみならず、評価手法の選択や仮定といった判断をともなう要素の影響を受けます。 この判断は、特定の金融商品にかかる未実現損益の金額および計上時期に影響を与えます。 適切な評価手法の選択 ・活発な市場において観察可能な市場価格によって公正価値評価される金融商品については、野村は一般的に、当該金融商品の公正価値を決定するため、レベル1のインプットとして当該価格を使用します。 ・このような観察可能な価格が入手できない金融商品については、レベル2もしくは3のインプットにより公正価値が測定されます。異なる評価手法および仮定が適用された場合、公正価値の測定結果は異なりうるため、適切な評価手法の選択と評価手法に適用される仮定の検証に重要な判断が含まれます。評価手法を選択する際には、これらの金融商品が取引される特定の状況や市場、信頼性のあるインプットの利用可能性、関連する観察可能なインプットの使用の最大化、観察不能なインプットの使用の最小化などのさまざまな要因が考慮されます。 レベル3インプットの重要性 ・市場で観察不能なインプットが用いられる、公正価値レベル3の金融商品の公正価値評価は、より多くの判断を必要とします。 ・これらの金融商品の公正価値は、流動性、経済環境および特定の金融商品に影響を与えるリスクに対する認識を含む、市場参加者が価格を決定する際に使用する仮定についての経営者の判断に基づいて決定されます。	当社の評価手法および公正価値の階層における金融商品の分類に関する方針については、連結財務諸表注記2 「公正価値測定」を参照してください。 当連結会計年度において公正価値レベル3の金融商品（デリバティブ負債相殺後資産）の公正価値は前連結会計年度の792十億円から868十億円に増加しました。毎期経常的に公正価値評価される資産の合計に対するレベル3に分類された資産の比率は、2023年3月31日現在で5%（2022年3月31日現在で6%）となりました。 レベル3インプットに関する定性的、定量的な情報およびそれらが公正価値測定に与える影響についての詳細については連結財務諸表注記2 「公正価値測定」を参照してください。

重要な会計方針	重要な会計上の見積もり	経営者による重要な主観的仮定または判断	当連結会計年度における見積もりおよび仮定の変更の影響
訴訟引当金 連結財務諸表 注記 19 コミットメント、偶発事象および債務保証	損失の蓋然性の判定および、引当金と合理的に発生する可能性のある損失の測定	野村は通常の業務を行う過程で訴訟およびその他の法的手続き（以下「法的事案」）に関与することがあり、その結果、違約金や和解金等を負担し、当該損失が野村の経営成績に重要な影響を与える可能性があります。法的事案による損失の発生可能性や最終的な損失額を見積もる際には、経営者によるさまざまな判断や仮定が要求されます。 損失の蓋然性の判断 ・訴訟引当金の計上は、損失発生の蓋然性が高く、金額を合理的に見積もることができる場合に必要とされます。 ・法的事案について、損失が生じる蓋然性が高いか、損失が生じる合理的な可能性はあるがその蓋然性が高いとまではいえないか、または損失が生じる可能性がほとんどないかどうかの決定には重要な判断が要求されます。 ・このような判断には、通常、外部の弁護士の見解、裁判または類似案件に関する当社の過去の経験、規制当局による調査または訴訟手続きの進捗状況、および和解に対する当社または相手方の意向を考慮します。 ・損失発生の蓋然性が高いとまではいえないか、または可能性がほとんどない場合、引当金の計上は不要です。 蓋然性が高いまたは合理的に発生する可能性のある損失の測定 ・損失が発生する蓋然性が高いと判断された場合で、かつ当該損失の金額または範囲を合理的に見積もることができる場合に引当金を計上します。 ・損失が生じる合理的な可能性はあるものの、その蓋然性が高いとまではいえないような場合で、かつ発生し得る損失の範囲を合理的に見積もることができる場合には、既に計上している引当金を超えて合理的に発生する可能性のある最大損失額を開示しております。 ・上記の可能性や金額を決定することは難しく、とりわけ、これら法的手続き等が初期段階にある場合や、新たな法的論点が争われている場合は特に困難です。 ・損失が生じる蓋然性が高い、または損失が発生する合理的な可能性はあるものの、複雑性やその他の理由によりその金額を見積もることができない場合にはその旨を開示します。	引当金を計上している、または損失発生の可能性が合理的な場合を含む、野村が現在関与している法的事案の詳細については、連結財務諸表注記19「コミットメント、偶発事象および債務保証」を参照してください。 2023年6月28日現在、合理的に発生する可能性のある損失の範囲を見積もることができる法的事案において発生の蓋然性が高いと判断された場合、約510億円の追加的費用が計上されます。ただし、当該金額には損失の金額を合理的に見積もることができないものによる影響は含まれておりません。

一定の金融商品および取引先に対するエクスポージャー

　市場環境は，野村が一定のエクスポージャーを有するさまざまな金融商品に影響を与え続けています。また，野村は通常の業務においても，特別目的事業体などの取引先に対し，一定のエクスポージャーを有しております。

レバレッジド・ファイナンス

　野村は，顧客にレバレッジド・バイアウト，レバレッジド・バイインにかかる貸付金を提供しています。通常このような資金提供はコミットメントを通じて行われることが多く，野村は実行済および未実行コミットメントの双方においてエクスポージャーを有しております。次の表は，2023年3月31日現在において未実行コミットメントがあるレバレッジ・ファイナンスのエクスポージャーを実行済および未実行分に分けて，対象企業の地域別に表しております。

（単位：百万円）

	実行済残高	未実行コミットメント残高	合計
欧州	14,654	58,606	73,260
米州	24,684	187,334	212,018
アジア・オセアニア	6,230	3,718	9,948
合計	45,568	249,658	295,226

特別目的事業体

　野村が行う特別目的事業体との関与は，これらの事業体を組成すること，またマーケットの状況に応じて，これらの事業体が発行する負債証券および受益権を引受け，売出し，販売することが含まれております。また野村は通常の証券化およびエクイティデリバティブ業務の中で，これらの事業体に対する金融資産の譲渡，これらの事業体が発行したリパッケージ金融商品の引受け，売出し，販売を行っております。さらに野村は，マーケットメーク業務，投資業務，組成業務に関連し，特別目的事業体にかかる変動持分の保有，購入，販売を行っております。特別目的事業体とのそのほかの関与には，債務保証やデリバティブ契約などが含まれます。

　変動持分事業体への関与に関するより詳しい説明は，「第5［経理の状況］　1［連結財務諸表等］　（1）［連結財務諸表］　［連結財務諸表注記］　6　証券化および変動持分事業体」をご参照ください。

新しい会計基準の公表

　「第5［経理の状況］　1［連結財務諸表等］　(1)［連結財務諸表］　［連結財務諸表注記］　1　会計処理の原則および会計方針の要旨：会計方針の変更および新しい会計基準の公表」をご参照ください。

(4) 繰延税金資産の状況

1）繰延税金資産・負債の主な発生原因

　2023年3月31日現在，連結貸借対照表上，その他の資産－その他として記載されている繰延税金資産，およびその他の負債として記載されている繰延税金負債の内訳は，以下のとおりであります。

（単位：百万円）

	2023年3月31日
繰延税金資産	
減価償却、その他の償却、および固定資産の評価	38,596
子会社・関連会社株式投資	7,458
金融商品の評価差額	123,841
未払退職・年金費用	17,308
未払費用および引当金	74,043
繰越欠損金	414,084
リース負債	48,329
その他	19,645
繰延税金資産小計	743,304
控除：評価性引当金	△515,068
繰延税金資産合計	228,236
繰延税金負債	
子会社・関連会社株式投資	100,335
金融商品の評価差額	118,314
海外子会社の未分配所得	2,936
固定資産の評価	22,540
使用権資産	47,775
その他	7,524
繰延税金負債合計	299,424
繰延税金資産（負債）の純額	△71,188

2）繰延税金資産の算入根拠

　繰延税金資産は，米国会計基準に基づき，将来において実現すると予想される範囲内で認識しており，将来において実現が見込まれない場合には評価性引当金を計上しております。なお，将来の課税所得の見積期間は納税単位ごとに個別に判断し，適正な期間見積もっております。

3）過去5年間の課税所得および見積もりの前提とした税引前当期純利益，調整前課税所得の見込額

当社は，2022年4月1日より日本にて連結納税制度からグループ通算制度へ移行し，野村證券を含む主要子会社は当制度に含まれております。上記1）に記載されている繰延税金資産のうち，日本の通算グループにおける繰延税金資産（負債）の純額は△63,247百万円となっており，野村の連結財務諸表における繰延税金資産（負債）の純額の大部分を占めております。

以下の過去5年間の課税所得（繰越欠損金使用前の各年度の実績値）ではグループ通算制度への移行前の連結納税グループの合算数値を記載し，見積もりの前提とした税引前当期純利益，調整前課税所得の見込額では通算グループの合算数値を記載しております。

過去5年間の課税所得（繰越欠損金使用前の各年度の実績値）

（単位：百万円）

	2017年度	2018年度	2019年度	2020年度	2021年度
日本の連結納税グループ合算値	79,397	61,984	134,721	214,001	233,508

(注) 法人確定申告書上の繰越欠損金控除前の課税所得であり，その後の変動は反映しておりません。

見積もりの前提とした税引前当期純利益，調整前課税所得の見込額

日本の通算グループについては，5年を課税所得見積もり期間とし，見込み税引前当期純利益合計および見込み調整前課税所得合計はそれぞれ，569,450百万円，689,045百万円となっております。

(5) 流動性資金調達と資本の管理

資金調達と流動性管理

概況

野村では，資金流動性リスクを野村グループの信用力の低下または市場環境の悪化により必要な資金の確保が困難になる，または通常より著しく高い金利での資金調達を余儀なくされることにより損失を被るリスクと定義しております。このリスクは，市場において有担保あるいは無担保調達が不可能になる，野村の信用格付が低下する，予定外の資金需要の変化に対応できない，迅速かつ最小の損失での資産の流動化ができない，あるいは，グループ会社間の自由な資金移動が妨げられる規制資本上の制約に関する変化等，市場全体の事情や野村固有の事情により発生します。資金流動性リスク管理については，経営会議が定める流動性

リスク・アペタイトに基づくことを基本方針としております。野村の資金流動性管理は，市場全体が流動性ストレス下にある場合において，またそれに加えて野村の信用リスクに過度なストレスを想定した場合においても，それぞれ1年間，および30日間にわたり，無担保による資金調達が困難な場合においても，保有資産を維持しつつ業務を継続することができる十分な資金流動性を常に確保することを主な目的としております。また，金融庁の定める流動性カバレッジ比率および安定調達比率（「金融商品取引法第五十七条の十七第一項の規定に基づき，最終指定親会社が当該最終指定親会社およびその子法人等の経営の健全性を判断するための基準として定める最終指定親会社およびその子法人等の経営の健全性のうち流動性にかかる健全性の状況を表示する基準」）の充足が求められております。

　野村は，主な流動性維持の目的を達成可能とする，さまざまな資金流動性リスク管理フレームワークを定めております。このフレームワークには，（1）余剰資金の集中管理と流動性ポートフォリオの維持，（2）流動性ポートフォリオ以外の担保未提供資産の活用，（3）資産構成等に見合った資金調達ならびに調達手段の多様化および調達期間の分散，（4）野村グループ各社に対する与信枠の管理，（5）流動性ストレステストの実行，（6）コンティンジェンシー・ファンディング・プランに関することが含まれております。

　経営会議は，野村の資金流動性に関する重要事項についての決定権を有しており，財務統括責任者（以下「CFO」）は，経営会議の決定に基づき，野村の資金流動性管理に関する業務を執行する権限と責任を有しております。

1．余剰資金の集中管理と流動性ポートフォリオの維持

　野村は，野村グループ内で資金流動性を有効に活用することを可能とするため，野村グループ各社の余剰資金の集中管理を行っております。資金の使用に関しても，野村では，無担保で提供される資金を一元的に管理しており，内部で上限を設けております。この上限は，CFOによって決定され，経営会議において各部門へ配分が行われます。ファイナンス部門において，資金流動性の管理を行う組織であるグローバル・トレジャリーは，使用状況についてモニタリングを行い，経営会議へ報告しております。

また，グループ会社間の資金移動を円滑なものにするため，規制対象ブローカーあるいは銀行における資金調達は限定的にしか行っておりません。野村は，無担保による資金調達の当社あるいは主要規制外発行体への集中を積極的に行っております。このことにより，野村は調達コストを最小化し，投資家からの認知度を高め，さまざまなグループ会社間の資金供給のフレキシビリティを高めております。

　潜在的な資金流動性必要額を考慮し，十分な資金流動性を確保するために，野村は，現金ならびに売却や担保提供することで流動性資金を供給することができる流動性の高い担保未提供資産等で構成される流動性ポートフォリオを維持しており，グローバル・トレジャリーにて他の資産と区別して管理をしております。流動性ポートフォリオの金額は，2023年3月31日現在，7兆6,543億円となっております。

　以下の表は2022年3月31日，2023年3月31日現在の野村の流動性ポートフォリオの内訳をアセットタイプ別に表示したものです。年間平均は月末の残高を用いて算出されております。

(単位：十億円)

	2022年3月31日 年間平均	2022年3月31日	2023年3月31日 年間平均	2023年3月31日
現預金(1)	3,151.6	2,997.5	3,155.5	3,229.3
国債	3,629.8	3,674.2	4,073.8	3,984.0
その他(2)	298.3	402.5	416.9	441.0
流動性ポートフォリオ	7,079.7	7,074.2	7,646.2	7,654.3

(1) 現預金には，現金，現金同等物および必要に応じて即時利用可能な中央銀行，市中銀行への預金を含みます。

(2) その他にはMMF，米国政府機関債などのアセットタイプが含まれています。

以下の表は2022年3月31日, 2023年3月31日現在の野村の流動性ポートフォリオの内訳を通貨別に表示したものです。年間平均は月末の残高を用いて算出されております。

（単位：十億円）

	2022年3月31日 年間平均	2022年3月31日	2023年3月31日 年間平均	2023年3月31日
円	1,913.7	1,409.8	1,613.6	1,852.0
米ドル	3,567.3	3,924.1	4,326.0	3,953.3
ユーロ	792.3	868.5	869.3	964.5
英国ポンド	578.3	597.5	505.7	522.4
その他(1)	228.1	274.3	331.6	362.1
流動性ポートフォリオ	7,079.7	7,074.2	7,646.2	7,654.3

(1) その他には豪ドル, カナダドル, スイスフランなどの通貨が含まれています。

　野村は流動性ポートフォリオの要件をグローバル基準, および各主要オペレーティングエンティティによって評価しています。野村は, 主に当社および野村證券株式会社（以下「NSC」）, 他の主要なブローカーディーラーおよび銀行子会社で流動性ポートフォリオを管理しています。流動性ポートフォリオの保有量とエンティティを決定する際に, 野村グループ内で自由に流動性を移す能力に影響を及ぼすかもしれない法規制, 税制を考慮しています。規制の制限の詳細については, 「第5［経理の状況］ 1［連結財務諸表等］ (1)［連結財務諸表］ ［連結財務諸表注記］ 17 法的規制」を参照してください。

　以下の表は2022年3月31日, 2023年3月31日現在の野村の流動性ポートフォリオをエンティティ別に表示したものです。

（単位：十億円）

	2022年3月31日	2023年3月31日
当社およびNSC(1)	1,395.4	1,806.4
他の主要なブローカーディーラー	3,118.5	3,012.6
銀行子会社(2)	1,008.5	1,178.6
その他の関連会社	1,551.8	1,656.7
流動性ポートフォリオ	7,074.2	7,654.3

(1) NSCは日本のブローカーディーラーであり, 日本銀行に口座を維持し, 日本銀行のロンバード貸付制度を直接利用することにより, 同日資金調達が可能です。当社における余剰流動性資金は必要な時に即時解約可能な短期社内貸付により, NSCに貸し出しております。

(2) ノムラ・バンク・インターナショナル PLC（以下「NBI」）, ノムラ・シンガポール LIMITED およびノ

２．流動性ポートフォリオ以外の担保未提供資産の活用

　流動性ポートフォリオに加えて，主にトレーディング資産で構成される有担保資金調達の際の追加担保として使用可能な担保未提供資産を2023年3月31日現在，2兆8,425億円所有しております。グローバル・トレジャリーは，その他担保未提供資産のモニタリングを行っており，流動性ストレス下においては，当該資産を現金化し，野村グループの流動性供給のために利用することができます。なお，流動性ポートフォリオとその他担保未提供資産の合計は，10兆4,968億円となりました。これは，野村の1年以内に満期の到来する無担保債務の合計に対して，307.7%に相当します。

（単位：十億円）

	2022年3月31日	2023年3月31日
その他担保未提供資産	2,665.7	2,842.5
流動性ポートフォリオ	7,074.2	7,654.3
合計	9,739.9	10,496.8

３．資産構成等に見合った資金調達ならびに調達手段の多様化および調達期間の分散

　野村は，保有資産を継続して維持していくうえで必要となる長期性資金を確保するために，長期無担保債務の額，および株主資本を十分な水準に維持するように努めております。また，無担保調達資金の借換えリスクを低減させるために，資金調達を行う市場やプロダクト，投資家，通貨および返済期限の分散にも努めております。

　野村は，さまざまな種類の債券を発行することによって，資金調達手段の分散を図っております。これらには，仕組ローンや仕組債が含まれ，金利・為替・株式・コモディティやこれらのインデックスにリンクしたリターンが付いております。野村は，資金調達方法の多様性が増すように仕組ローンや仕組債を発行しております。これらについて，野村は，通常，デリバティブや原資産に対する支払い義務をヘッジすることにより，無担保調達債務と同様の効果を得ております。なお，日本円以外の長期債務比率は，2022年3月31日現在51.4%から2023年3月31日現在55.9%に増加しております。

3.1 短期無担保債務

　野村の短期無担保債務は，短期銀行借入（長期銀行借入のうち，満期まで１年未満のものを含む），その他の短期借入，コマーシャル・ペーパー，銀行業務受入預金，譲渡性預金，および償還まで１年以内の社債で構成されております。銀行業務受入預金および譲渡性預金は，銀行子会社の預金および譲渡性預金を表しております。短期無担保債務には，長期無担保債務のうち残存期間が１年以内となったものを含んでおります。

　以下の表は，2022年３月31日，2023年３月31日現在の野村の短期無担保債務明細を表示したものです。

（単位：十億円）

	2022年３月31日	2023年３月31日
短期無担保債務	2,932.1	3,411.2
短期銀行借入	148.0	203.3
その他の短期借入	228.1	256.8
コマーシャル・ペーパー	131.9	300.0
銀行業務受入預金	1,520.7	1,705.0
譲渡性預金	127.8	224.2
償還まで１年以内の社債	775.6	721.9

3.2 長期無担保債務

　野村は，常に十分な長期性資金を確保し，適切なコストでの調達および適切な長期債務償還プロファイル維持を満たすために，満期や通貨の分散を行い定期的に長期性資金の調達を行っております。

　野村の長期無担保債務には，米国発行登録および登録ミディアム・ターム・ノートプログラム，ユーロ・ミディアム・ターム・ノートプログラム，国内発行登録およびさまざまな発行プログラムより発行される普通社債や劣後社債が含まれております。

　日本のグローバルな金融サービスグループとして，野村は，世界中のさまざまな市場と資金調達センターへのアクセスを持っております。主として当社，NSC，ノムラ・ヨーロッパ・ファイナンスN.V.，NBI，ノムラ・インターナショナル・ファンディング Pte. Ltd.，および野村グローバル・ファイナンス株式会社

が外部からの借入，債券発行その他資金調達を行っております。使用通貨や保有資産の流動性に合わせた資金調達や，必要に応じた為替スワップの使用により，調達構造の最適化を図っております。

野村は，市場や投資家のタイプごとに，効率的かつ十分に多様化された資金調達を行うために，さまざまなプロダクトや通貨による調達をしております。野村の無担保債務の大部分は，発行コストの上昇や債務償還満期を早める財務制限条項（格付，キャッシュ・フロー，決算あるいは財務レシオ）は，付されておりません。

以下の表は，2022年3月31日，2023年3月31日現在の野村の長期無担保債務明細を表示したものです。

（単位：十億円）

	2022年3月31日	2023年3月31日
長期無担保債務	7,898.1	8,770.7
長期銀行業務受入預金	112.3	208.8
長期銀行借入	2,820.5	3,004.9
その他の長期借入	219.5	265.5
社債(1)	4,745.8	5,291.5

(1) 編纂書810「連結」に定義される変動持分事業体の要件を満たす"連結変動持分事業体（VIE）が発行する社債"と編纂書860「譲渡とサービシング」により，会計上担保付金融取引として取り扱われる譲渡取消にともなう担保付借入を含んでおりません。

3.3 償還プロファイル

プレーン・バニラ物（プレーン・バニラ債および長期借入金）の調達に関しては，平均残存年数が3年以上となるように努めており，2023年3月31日現在の平均残存年数（残存期間1年超のものの平均）は，3.9年となっております。また，仕組ローンや仕組債については，その大部分が，金利・為替・株式・コモディティやこれらのインデックスにリンクしており，これらの償還確率は，内部数理モデルによって継続的に評価され，グローバル・トレジャリーによりモニターされております。予定された満期日以前に償還される可能性のあるものについては，野村の内部ストレスオプション評価モデルにより，評価されております。このモデルは，ストレス市場環境下で，いつその債券が償還される可能性があるかを評価します。下図は，このモデルにおいて評価された野村の長期債券と長期借入の満

期の分散状況を示したものです。

　上記のモデルに基づき評価された仕組ローンや仕組債の平均残存期間（残存期間１年超のものの平均）は，2023年３月31日現在で，8.3年となっており，プレーン・バニラ物を合わせた長期債務全体の平均残存期間（残存期間１年超のものの平均）は，2023年３月31日現在で，6.2年となっております。

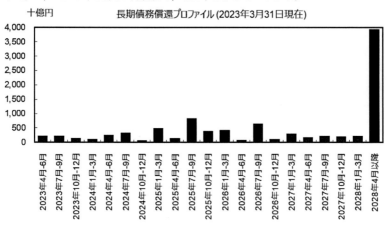

十億円　　　　　　　長期債務償還プロファイル (2023年3月31日現在)

3.4　有担保資金調達

　野村は，トレーディング業務のための資金調達活動は，担保付借入，レポ契約，日本の現先レポ取引によって，通常行っております。これらの有担保資金調達は，無担保資金調達に比べコストが低く，格付の影響を受けにくいものと考えております。有担保資金調達は，担保資産の質や市場環境の影響を受けます。流動性の高い資産を担保として用いる場合は短期の契約で資金調達を行う一方で，流動性の低い資産を担保として用いる場合は，契約期間の長期化に努めております。野村は，有担保資金調達にともなう資金流動性リスクを低減させるために，カウンターパーティのグローバルな分散，担保の種類の多様化にも努めております。また，流動性の低い資産を用いた短期有担保資金調達の借り換えが難しくなる場合のリスクに備えて，流動性ポートフォリオを保有しております。詳細は，「第5［経理の状況］　1［連結財務諸表等］　(1)［連結財務諸表注記］　5　担保付取引」をご参照ください。

４．野村グループ各社に対する与信枠の管理

　野村は，資金調達の安定性を確保するために，金融機関から野村グループに対する与信枠の維持，拡大に努めております。また資金流動性リスク管理の一環として，野村は，借入の契約満期日が一時期に集中しないように分散させております。

５．流動性ストレステストの実行

　野村は，先に述べた流動性管理方針に沿うよう，一定のストレスシナリオ下でのキャッシュ流出をシミュレートする内部モデルに基づいて流動性ポートフォリオをモニターしております。

　資金流動性必要額は，さまざまなストレスシナリオ下において，異なるレベルで，さまざまな時間軸に沿って見積もられております。そこでは，親会社や子会社レベルでの格下げといった野村固有および市場全体のイベント下で発生する資金流動性必要額を見積もっております。野村では，このリスク分析を「マキシマム・キュームレーティブ・アウトフロー（以下「MCO」）」と呼んでおります。

　MCOフレームワークは，主たる資金流動性リスクを考慮したうえで構築し，以下の２つのシナリオに基づいて，将来のキャッシュ・フローをモデル化しております。

- ・ストレスシナリオ：市場全体が流動性ストレス下にある場合において，無担保による資金調達，資産の売却をすることなく１年間適切な流動性を維持すること。
- ・アキュートシナリオ：市場全体が流動性ストレス下にあることに加え，野村の信用リスクに過度なストレスを想定した場合において，無担保による資金調達，資産の売却をすることなく30日間適切な流動性を維持すること。

　野村は，これらの各モデルで用いられている時間軸の中で，資産の流動化を行ったり，ビジネス・モデルを修正することはできないと想定しております。したがって，MCOフレームワークは，ストレス状況下においても，野村が適切と考える流動性リスク・アペタイトを満たすために必要な資金流動性額を定義するものです。

　2023年３月末時点において，野村の流動性ポートフォリオは，上述のシナリ

オ下で想定された資金流出予想額を上回っておりました。

　野村は，規制環境や市場の変化に基づいた資金流動性リスクの前提条件を継続的に評価し，調整をしております。ストレスの影響をシミュレートするために用いるモデルでは，以下のような事象を考慮，想定しております。

- ・資産の売却ができない状況
- ・追加の無担保調達を行うことができない状況
- ・既存の借入金の返済期日や発行済み社債の償還期日（1年以内）
- ・発行済み社債の買い取りの可能性
- ・流動性の低い資産を担保とする資金調達ラインの喪失
- ・通常の事業環境下での運転資金需要の変化
- ・ストレス時における受入銀行預金および担保の流出
- ・既存のレポ調達時の担保掛目の拡大
- ・決済銀行からの担保・預託金追加要求
- ・コミットメント提供先のドローダウン
- ・損失にともなう資金の喪失
- ・野村の信用格付けが2ノッチ格下げされた場合のデリバティブ取引にかかる契約上の追加担保要請，および清算・決済機関からの潜在的な追加担保要請
- ・グループ会社間の資金や証券の移動を制限する法規制を考慮した資金流出

6. コンティンジェンシー・ファンディング・プラン

　野村は，詳細にわたるコンティンジェンシー・ファンディング・プラン（以下「CFP」）を定め，包括的リスク管理の枠組みに組み込むとともに，定量的なコントロールを強化しております。この中で，リクイディティ・イベントの範囲の分析と特定方法を記載しております。そのうえで，野村固有のあるいは市場全体の影響の可能性を見積もることや，リスクを低下させるために即座にとられるべき対応を特定しております。CFPは，キーとなる内部および外部の連絡先やどの情報を知らせるかを示すプロセスの詳細をリスト化しております。また，野村が規制上，法的，あるいは税務上の制限によって，グループ会社レベルにおける資金へのアクセスができなくなったことを想定し，グループ会社レベルで，個別の資金需要に応えうるように作られております。なお，野村は，定期的にさまざまな

市場や野村固有のイベントに対して本CFPの有効性をテストしております。野村は、日本銀行等中央銀行が行うさまざまな証券に対して実施する資金供給オペレーションへのアクセスも持っております。これらのオペレーションは、通常のビジネスでも利用しておりますが、市場の悪化による不測のリスクを軽減させる重要な手段のひとつです。

流動性規制

2008年にバーゼル委員会は、流動性フレームワークの基盤となる「健全な流動性リスク管理およびその監督のための諸原則」を公表しました。続いて、バーゼル委員会は資金流動性にかかる2つの最低基準を策定し、流動性管理の枠組みをさらに強化しました。これらの基準は、それぞれ独立しているものの相互補完的な2つの目的を達成するために策定されております。

第1の基準の目的は、金融機関の流動性リスク態様の短期的強靭性を高めることにあり、その手段として、金融機関が流動性の高い資産を十分に保有し、30日間継続する強いストレスシナリオに耐える力を持っていることを確保することにあります。バーゼル委員会は、この目的を達成するために流動性カバレッジ比率（以下「LCR」）を策定しました。

第2の基準の目的は、長期的な強靭性を高めることにあり、その手段として、金融機関に対し、常により安定的な資金調達源を確保したうえで、業務を行うことを促すための追加的なインセンティブを設けました。安定調達比率（以下「NSFR」）は、対象期間を1年とし、資産・負債が持続可能な満期構造を保つよう策定されました。

これら2つの基準を構成するパラメータは、主として、国際的に統一された既定の数値です。しかしながら、各国固有の状況を反映させるため、一部のパラメータには各国裁量の要素が含まれております。LCRについては、本邦においてバーゼル委員会の国際合意文書に必要な修正を加えた金融庁告示が公布され、2015年3月末から最低基準として段階導入されております。当第4四半期連結会計期間におけるLCRの平均値は203.8％となっており、上記金融庁告示の定める要件についても満たしております。また、NSFRについては金融庁より流動性比率規制に関する告示の改正が2021年3月31日付で公布され、2021年9月末から導

入されております。当第4四半期連結会計期間末におけるNSFRは告示の定める
要件を満たしております。

キャッシュ・フロー

　野村のキャッシュ・フローは，主に顧客ビジネスフローやトレーディングから
なる営業活動およびそれと密接な繋がりのある財務活動によりもたらされます。
金融機関はビジネスを展開していくことにより営業活動および投資活動において
現金支出となる傾向にあり，野村のキャッシュ・フローは以下に記載しておりま
すとおり2022年3月期は営業活動および投資活動において現金支出となり，
2023年3月期は営業活動おいて現金支出である一方，投資活動において現金収
入となりました。下の表は，野村の2022年3月期および2023年3月期の連結
キャッシュ・フロー計算書の抜粋です。

(単位：十億円)

	2022年3月期	2023年3月期
営業活動に使用された現金（純額）	△1,368.7	△974.8
当期純利益	146.5	91.7
トレーディング資産およびプライベートエクイティ・デット投資	1,254.3	△1,576.5
トレーディング負債	△284.7	467.3
売戻条件付買入有価証券および買戻条件付売却有価証券（純額）	△2,220.5	△590.4
借入有価証券担保金および貸付有価証券担保金（純額）	595.1	834.4
その他（純額）	△859.4	△201.3
投資活動から得た （△投資活動に使用された）現金（純額）	△45.3	38.9
財務活動から得た現金（純額）	1,070.7	1,291.7
長期借入の増加（純額）	1,225.0	1,107.2
短期借入の減少（純額）	△475.5	△81.9
受入銀行預金の増加（純額）	448.1	326.3
その他（純額）	△126.9	△59.9
現金、現金同等物、制限付き現金および制限付き現金同等物に対する為替相場変動の影響額	149.7	148.6
現金、現金同等物、制限付き現金および制限付き現金同等物の増加額	△193.6	504.4
現金、現金同等物、制限付き現金および制限付き現金同等物の期首残高	3,510.0	3,316.4
現金、現金同等物、制限付き現金および制限付き現金同等物の期末残高	3,316.4	3,820.9

　詳細につきましては，「第5 ［経理の状況］ 1 ［連結財務諸表等］ (1) ［連
結財務諸表］ ⑤ 連結キャッシュ・フロー計算書」をご参照ください。

2023年3月期を通じて，野村の現金，現金同等物，制限付き現金および制限付き現金同等物は5,044億円増加し3兆8,209億円となりました。長期借入の増加により1兆1,072億円の現金収入があり，財務活動から得た現金（純額）は1兆2,917億円となりました。トレーディングにおいては，主にトレーディング資産およびプライベートエクイティ・デット投資の増加による現金支出の結果，1兆1,092億円の現金支出となりました。一方，売戻条件付買入有価証券および買戻条件付売却有価証券や借入有価証券担保金および貸付有価証券担保金のようなレポ取引，有価証券貸借取引から2,440億円の現金収入がありました。この結果，営業活動に使用された現金（純額）は9,748億円となりました。

　2022年3月期を通じて，野村の現金，現金同等物，制限付き現金および制限付き現金同等物は1,936億円減少し3兆3,164億円となりました。長期借入の増加により1兆2,250億円の現金収入があり，財務活動から得た現金（純額）は1兆707億円となりました。トレーディングにおいては，主にトレーディング資産およびプライベートエクイティ・デット投資の減少による現金収入の結果，9,696億円の現金収入となりました。一方，売戻条件付買入有価証券および買戻条件付売却有価証券や借入有価証券担保金および貸付有価証券担保金のようなレポ取引，有価証券貸借取引から1兆6,254億円の現金支出がありました。この結果，営業活動に使用された現金（純額）は1兆3,687億円となりました。

貸借対照表および財務レバレッジ

　2023年3月31日現在の資産合計は，2022年3月31日現在の43兆4,122億円に対し，トレーディング資産が増加したこと等により，4兆3,596億円増加し，47兆7,718億円となりました。また，2023年3月31日現在の負債は，2022年3月31日現在の40兆4,394億円に対し，買戻条件付売却有価証券が増加したこと等により，4兆1,083億円増加し，44兆5,477億円となりました。2023年3月31日現在の当社株主資本は，2022年3月31日現在の2兆9,146億円に対し，累積的その他の包括利益の増加にともない，2,340億円増加の3兆1,486億円となりました。

　野村は，マーケットの極端な変動によってもたらされ得る大きな損失にも耐えられる規模の資本を維持することに努めております。野村の適正資本の維持にかかる

基本方針は経営会議が決定し，その実践の責任を負います。適正資本の維持にかかる基本方針には，適正な総資産規模の水準やそれを維持するために必要な資本規模の決定などが含まれます。当社は，当社のビジネス・モデルに起因する経済的なリスクに耐え得る必要十分な資本を維持しているかにつき，定期的な確認を行っておりますが，こうした観点とは別に，銀行業や証券業を営む子会社は規制当局から要請される最低資本金額を満たす必要もあります。

　レバレッジ・レシオは，野村と同様に他の金融機関でも，一般的に用いられており，当社のアニュアルレポートの利用者が野村のレバレッジ・レシオおよび調整後レバレッジ・レシオを他の金融機関と比較できるように，ベンチマークとする目的で，自主的に開示しております。調整後レバレッジ・レシオは，野村がレバレッジにかかる有用な補助的指標であると考える米国会計原則に基づかない指標です。

　以下の表は，当社株主資本，総資産，調整後総資産と財務レバレッジの状況を示しています。

（単位：十億円）

	2022年3月31日	2023年3月31日
当社株主資本	2,914.6	3,148.6
総資産	43,412.2	47,771.8
調整後総資産(1)	26,535.8	29,654.3
レバレッジ・レシオ(2)	14.9倍	15.2倍
調整後レバレッジ・レシオ(3)	9.1倍	9.4倍

(1) 調整後総資産は米国会計原則に基づかない指標であり，総資産の額から売戻条件付買入有価証券および借入有価証券担保金の額を控除したものとなり，以下のように計算されます。
(2) レバレッジ・レシオは，総資産の額を当社株主資本の額で除して得られる比率です。
(3) 調整後レバレッジ・レシオは，調整後総資産の額を当社株主資本の額で除して得られる比率です。

（単位：十億円）

	2022年3月31日	2023年3月31日
総資産	43,412.2	47,771.8
控除：		
売戻条件付買入有価証券	11,879.3	13,834.5
借入有価証券担保金	4,997.1	4,283.0
調整後総資産	26,535.8	29,654.3

　総資産は，主にトレーディング資産が増加したことにより，10.0％増加しまし

た。当社株主資本は，主に累積的その他の包括利益が増加したことにより，8.0％
増加しました。この結果，野村の財務レバレッジは，2022年3月31日現在
14.9倍，2023年3月31日現在15.2倍となりました。

　調整後総資産が増加した理由は，トレーディング資産の増加によるものです。
この結果，調整後レバレッジ・レシオは，2022年3月31日現在9.1倍，2023
年3月31日現在9.4倍となりました。

連結自己資本規制

　金融庁は2005年6月に「金融コングロマリット監督指針」を策定し，連結自
己資本規制に関する規定を設けました。

　この「金融コングロマリット監督指針」に基づき，2005年4月から，当社は，
連結自己資本規制比率のモニタリングを開始しました。

　2011年4月から，当社は，親会社に対する連結自己資本規制の適用を受ける
最終指定親会社の指定を受け，「最終指定親会社及びその子法人等の保有する資
産等に照らし当該最終指定親会社及びその子法人等の自己資本の充実の状況が適
当であるかどうかを判断するための基準を定める件」（平成二十二年金融庁告示
第百三十号，以下「川上連結告示」といいます。）により，バーゼルⅡに基づく連
結自己資本規制比率の計測を開始しました。また，2011年12月末からは，マー
ケット・リスク相当額の計測方法を大幅に改定したバーゼル2.5に基づく連結自
己資本規制比率の計測を開始しました。さらに，2013年3月末からは，より質
の高い資本を具備させることを目的とした自己資本項目の再定義や，信用リスク・
アセットの計測対象の大幅な追加を主な内容とするバーゼルⅢを受けて改正され
た川上連結告示の内容に基づいた連結自己資本規制比率の計測を行っておりま
す。

　当社は，川上連結告示第2条の算式に従い，普通株式等Tier1資本の額，Tier1
資本（普通株式等Tier1資本およびその他Tier1資本）の額，総自己資本（Tier1
資本およびTier2資本）の額，信用リスク・アセットの額，マーケット・リスク
相当額およびオペレーショナル・リスク相当額をもとに連結自己資本規制比率を
計測しております。2023年3月31日現在の野村の連結普通株式等Tier1比率は
16.32％，連結Tier1比率は18.49％，連結総自己資本規制比率は18.49％となり，

川上連結告示等の定める要件をそれぞれ満たしました。なお，2023年3月31日現在，川上連結告示等の定める要件は適用される最低連結資本バッファーを含み，連結普通株式等Tier1比率について7.62%，連結Tier1比率について9.12%，連結総自己資本規制比率について11.12%となっております。

　また，当社は2021年3月より「金融商品取引法第五十七条の十七第一項の規定に基づき最終指定親会社が最終指定親会社及びその子法人等の経営の健全性を判断するための基準として定める総損失吸収力及び資本再構築力に係る健全性の状況を表示する基準」（以下「TLAC告示」といいます。）に基づく計測を開始しました。TLAC告示第2条の算式に従い，リスク・アセットベース外部TLAC比率を計測しております。2023年3月31日現在の野村のリスク・アセットベース外部TLAC比率は31.78%となり，TLAC告示の定める要件を満たしました。

　2022年3月31日および2023年3月31日現在の連結自己資本規制比率およびリスク・アセットベース外部TLAC比率について，以下に示しております。

（単位：億円）

	2022年3月31日	2023年3月31日
自己資本		
普通株式等Tier 1資本の額	27,264	28,288
Tier 1資本の額	31,030	32,037
総自己資本の額	31,034	32,041
リスク・アセット		
信用リスク・アセットの額	83,012	83,858
マーケット・リスク相当額を8%で除して得た値	48,990	62,706
オペレーショナル・リスク相当額を8%で除して得た値	26,297	26,675
リスク・アセット合計	158,299	173,239
連結自己資本比率		
連結普通株式等Tier 1比率	17.22%	16.32%
連結Tier 1比率	19.60%	18.49%
連結総自己資本規制比率	19.60%	18.49%
連結レバレッジ比率	5.98%	5.63%
外部TLAC比率		
リスク・アセットベース外部TLAC比率	30.72%	31.78%
総エクスポージャーベース外部TLAC比率	10.30%	10.63%

　信用リスク・アセットおよびオペレーショナル・リスク相当額は，金融庁の承認を得て2011年3月末から基礎的内部格付手法および粗利益配分手法によりそれぞれ算出しております。また，マーケット・リスク相当額は内部モデル方式により算

出しております。

　また，当社は川上連結告示で定められた要件の遵守状況を示す他に，バーゼルⅢが適用される他の金融機関との比較を容易にするため，連結自己資本規制比率を開示しております。当社の経営者はこれらに関する報告を定期的に受けております。

連結レバレッジ規制

　金融庁は2019年3月に「金融庁長官が定める場合において，最終指定親会社が経営の健全性の状況を記載した書面に記載すべき事項を定める件」（平成二十二年金融庁告示第百三十二号，以下「開示告示」といいます。）を改正するとともに「最終指定親会社及びその子法人等の保有する資産等に照らし当該最終指定親会社及びその子法人等の自己資本の充実の状況が適当であるかどうかを判断するための基準の補完的指標として定めるレバレッジに係る健全性を判断するための基準」（平成三十一年金融庁告示第十三号，以下「連結レバレッジ比率告示」といいます。）を公表し，連結レバレッジ比率に関する計測ならびに開示にかかる要件，および連結レバレッジ比率3％の最低基準を定めました。2020年6月に金融庁は，新型コロナウイルス感染症の影響拡大が懸念される中，日本銀行による金融政策と銀行等への健全性規制との調和を図るため，例外的なマクロ経済環境を勘案して金融庁長官が別に定める比率を適用する場合には連結レバレッジ比率を算定するにあたって日銀預け金を除外すること等を趣旨とした連結レバレッジ比率告示の一部改正を行いました。当社は開示告示等に基づき，2015年3月末から連結レバレッジ比率の計測および開示を開始しました。さらに2019年3月末からは，開示告示，連結レバレッジ比率告示および最低比率基準を下回った場合の早期是正措置を定めたその他の告示等の内容に基づいた連結レバレッジ比率の計測を行っております。なお，2023年3月31日現在の野村の連結レバレッジ比率は，5.63％となりました。

　また，当社は2021年3月よりTLAC告示に基づく計測を開始しました。TLAC告示第2条の算式に従い，総エクスポージャーベース外部TLAC比率を計測しております。2023年3月31日現在の野村の総エクスポージャーベース外部TLAC比率は，10.63％となり，TLAC告示の定める要件を満たしました。

当社をめぐる規制動向

　金融危機によって明らかになった脆弱性を踏まえ，規制資本の枠組みを強化するより広範な取組みについてバーゼル銀行監督委員会（以下「バーゼル委員会」）は一連の文書を公表しました。当社にとって関連が深いと思われる事項について，以下に概要を記載しております。

　金融庁は，最終指定親会社のバーゼルⅢ規制最終化にともなう改正告示の実施日をさらに一年延期し，2025年3月31日とすることを2023年3月に公表しております。また，2024年3月末までの間，日本銀行に対する預け金の額をレバレッジ比率の分母である総エクスポージャーの額から除外する措置を2022年3月に公表しております。

　2010年12月16日にバーゼル委員会は銀行セクターの強靭性を高めるために，いわゆるバーゼルⅢテキスト「より強靭な銀行および銀行システムのための世界的な規制の枠組み」および「流動性リスク計測，基準，モニタリングのための国際的枠組み」を公表しました。これには，資本の質，一貫性および透明性の向上，店頭デリバティブ取引における信用評価調整（Credit Value Adjustment）の導入のような自己資本の枠組みにおけるリスク捕捉の強化，リスク・ベースの枠組みに対する補完的指標としてのレバレッジ比率の導入，現行の枠組みにおける「プロシクリカリティ（景気循環増幅効果）」に対する懸念を抑制する一連の措置，また，30日間の流動性カバレッジ比率および資金調達構造の安定性を計測する安定調達比率といった流動性基準の導入が含まれています。これらのバーゼルⅢパッケージは，2013年より段階的に適用が開始されております。加えて，2012年7月25日に，清算機関（以下「CCP」）向けエクスポージャーに対する資本賦課についての暫定規則が公表され，バーゼルⅢの一部として2013年から実施されております。さらに，上記のとおり2015年3月末より開始した連結レバレッジ比率の算出および開示，ならびに2019年3月末より開始した連結レバレッジ比率の計測に加え，現在までに，バーゼル委員会から，ファンド向けエクイティ出資にかかる資本賦課，カウンターパーティ信用リスクエクスポージャーの計測にかかる標準的手法，CCP向けエクスポージャーに対する資本賦課，大口エクスポージャーの計測と管理のための監督上の枠組み，証券化商品の資本賦課枠組み

の見直し，マーケット・リスクの最低所要自己資本等に関して一連の最終規則が公表されております。

　また，2011年11月のG-20サミットにおいて，金融安定理事会とバーゼル委員会は，グローバルにシステム上重要な金融機関（以下「G-SIBs」）の監督手法および破綻処理計画の策定を含むG-SIBsに対する追加的要件を公表しました。同時に，G-SIBsのリストは毎年11月に金融安定理事会とバーゼル委員会により，更新されております。なお，2011年11月の公表以来，当社はG-SIBsには指定されておりません。一方で，G-SIBsの枠組みを国内のシステム上重要な金融機関（以下「D-SIBs」）まで拡張するようにとの要請を受け，バーゼル委員会は2012年10月，D-SIBsに関する評価手法およびより高い損失吸収力の要件に関する一連の原則を策定・公表しました。2015年12月，金融庁は当社をD-SIBsに指定し，2016年3月以降の追加的な資本賦課水準を0.5％（3年間の経過措置あり）といたしました。

　2015年11月，金融安定理事会は，G-SIBsに対して総損失吸収力（以下「TLAC」）にかかる最終基準を公表しました。TLAC基準は，破綻したG-SIBsが，当局の秩序ある処理を実施するため，利用可能な十分な損失吸収力および資本増強能力を確保するように設計されています。金融庁は，金融安定理事会のTLAC基準の公表を受けて，2016年4月に本邦G-SIBsに適用される本邦TLACの枠組みを整備する方針を公表しましたが，その後，2018年4月に，本邦G-SIBsのみならず，(i) 国際的な破綻処理対応の必要性が高く，(ii) 破綻の際に我が国の金融システムに与える影響が特に大きいと認められる金融機関である本邦D-SIBsについても適用対象とする方針とされました。改訂された方針においては，本邦G-SIBsおよび野村（以下「本邦TLAC対象SIBs」）は，本邦TLAC規制の適用対象となりました。さらに，2019年3月には「金融商品取引法第五十七条の十七第一項の規定に基づき最終指定親会社が最終指定親会社及びその子法人等の経営の健全性を判断するための基準として定める総損失吸収力及び資本再構築力に係る健全性の状況を表示する基準」（平成三十一年金融庁告示第十号）および「金融商品取引業者等向けの総合的な監督指針」がそれぞれ公表および改訂されており，野村は現時点で本邦G-SIBsに選定されておりませんが，野村を含む本邦TLAC対象SIBsは，

バーゼルⅢの枠組みに定められている最低要求水準に従ってTLACにかかる規制要件を満たすことが求められます。具体的には，野村は，2021年3月31日からリスク・アセットの16％，2024年3月31日以降は18％のTLACリスク・アセット最低基準を満たす必要があります。同様に，2021年3月31日からレバレッジエクスポージャーの6％，2024年3月31日以降は6.75％のTLACレバレッジエクスポージャー最低基準を満たす必要があります。

　さらに，2018年4月に公表された金融庁の改訂後の方針によれば，将来の国際的な議論に基づき変更される可能性がありますが，本邦TLAC対象SIBsに適用される破綻処理戦略は，実際の処理は破綻時の本邦TLAC対象SIBsの実態を考慮のうえで個別事案毎に決定されるものの，金融庁のような，単一の当局が金融グループの最上位に位置する持株会社等に対して破綻処理権限を行使するシングル・ポイント・オブ・エントリー（以下「SPE」）とされました。SPE破綻処理戦略を実効的に実現するためには，金融庁は持株会社である本邦TLAC対象SIBsの国内における破綻処理対象会社（以下「国内処理対象会社」）について，(i)外部TLACの最低所要水準以上を確保すること，(ii)金融安定理事会による TLAC合意文書による選定を踏まえて金融庁が指定した金融機関の主要子会社が調達する，損失吸収力を有すると認められる資本・負債を一定の水準以上引き受ける，即ち内部TLACの分配対象となることが求められます。

　また，金融庁の改訂後の方針によれば，預金保険制度に鑑み，本邦TLAC対象SIBsの国内処理対象会社について規制導入時からリスク・アセットの2.5％相当分（野村は2021年3月31日），規制導入後3年間以降はリスク・アセットの3.5％相当分（野村は2024年3月31日）を外部TLACとして算入することが認められる方針であります。

　今後も，川上連結告示を始めとする各業態の自己資本規制，流動性規制，レバレッジ規制等の諸規制はバーゼル委員会，証券監督者国際機構または金融安定理事会等の一連の規制強化の動きに沿って改定される可能性があります。

格付会社による信用格付

　格付会社による信用格付

　無担保資金の調達コストおよび調達可能金額は一般的に格付会社による長期あ

るいは短期の信用格付の影響を受けます。当社および野村證券には，S&P Global Ratings，Moody's Investors Service，Fitch Ratings，格付投資情報センターおよび日本格付研究所より長期および短期の信用格付が付与されています。

2023年3月期には，重要な格付アクションはございませんでした。

2023年5月22日現在の当社および野村證券の格付会社による格付は以下のとおりです。

野村ホールディングス（株）	短期債務	長期債務
S&P Global Ratings	A-2	BBB+
Moody's Investors Service	−	Baa1
Fitch Ratings	F1	A-
格付投資情報センター	a-1	A
日本格付研究所	−	AA-

野村證券（株）	短期債務	長期債務
S&P Global Ratings	A-2	A-
Moody's Investors Service	P-2	A3
Fitch Ratings	F1	A-
格付投資情報センター	a-1	A+
日本格付研究所	−	AA-

(6) オフ・バランス・シート取引

非連結事業体との取引

野村は通常の業務において，将来の財政状態や業績に影響を与える可能性があるさまざまなオフ・バランス・シート取引を非連結事業体と行っております。

野村が行う非連結事業体とのオフ・バランス・シート取引には，以下のものが含まれます。

・債務保証契約上の義務
・譲渡した資産に対する留保持分または偶発的な持分，もしくは，譲渡した資産に関し信用リスク，流動性リスク，市場リスクを補完するような類似の取引
・デリバティブとして会計処理される契約による一切の義務（偶発債務を含む）
・非連結事業体が資金調達リスク，流動性リスク，市場リスク，信用リスクの

補完を野村に対し提供している場合，またはリース，ヘッジ，研究開発契約を野村と結んでいる場合，野村が保有しかつ野村にとって重要な非連結事業体の変動持分から発生する一切の義務（偶発債務を含む）

非連結事業体は，会社，パートナーシップ，ファンド，信託，その他法的事業体の形態をとり，限定された特定の目的を履行するために，発起人によって設立されます。野村は，これらの事業体を設立または発起したり，第三者によって設立または発起された事業体と取引を行います。

野村の非連結事業体との関与は，マーケットの状況に応じて，これらの事業体が発行する負債証券および受益権を組成し，引受け，売出し，販売することが含まれております。また野村は通常の証券化およびエクイティデリバティブ業務の中で，これらの事業体に対する金融資産の譲渡，これらの事業体が発行したリパッケージ金融商品の引受け，売出し，販売を行っております。さらに野村は，マーケットメーク業務，投資業務，組成業務に関連し，特別目的事業体にかかる変動持分の保有，購入，販売を行っております。非連結事業体とのそのほかの関与には，債務保証やデリバティブ契約などが含まれます。これらの事業体との重要な関与は，たとえ期末日における損失の可能性が低くても，取引すべてに基づいて評価されています。

変動持分事業体との取引については，「第5［経理の状況］　1［連結財務諸表等］（1）［連結財務諸表］　［連結財務諸表注記］　6　証券化および変動持分事業体」をご参照ください。

(7) 契約上の義務の開示

野村の業務の一部として，将来支払いが必要となるかもしれないさまざまな契約上の義務および偶発的コミットメントを有しております。これらの取引は以下のものを含んでおります。

スタンドバイ信用状およびその他の債務保証

野村は，通常の銀行もしくは金融業務の一環として，スタンドバイ信用状およびその他の債務保証の方法で取引相手とさまざまな債務保証を行っており，こうした債務保証には一般に固定満期日が設定されております。

長期借入および約定金利の支払

　野村の業務に関連して，野村の資金調達政策に従い，日本円建ておよび日本円建て以外の長期借入，それにかかわる変動および固定金利の支払いを行っております。

オペレーティング・リース・コミットメント

　野村は，国内外でオフィス，特定の従業員用住宅，器具備品および情報・通信関連資産を通常業務の範囲内で主にオペレーティング・リースにより貸借しております。また，野村は，不動産および器具備品をオペレーティング・リースにより転貸借しております。

ファイナンス・リース・コミットメント

　野村は，国内外で特定の器具備品および施設をファイナンス・リース契約により賃借しております。

購入義務

　物品およびサービスを購入する義務には，建物設備等の工事，広告宣伝，コンピュータ・IT関連の維持管理などに関する契約が該当します。

貸出コミットメント

　野村は，銀行もしくは金融業務の一環として，貸出コミットメントを行っており，こうした契約義務には一般に固定満期日が設定されております。

　投資銀行業務に関連して，野村は顧客により発行されうる有価証券を引き受けることを保証する契約を結んでおります。

　中央清算機関の会員として，野村は他の会員が債務不履行に陥った際に，国債および政府系機関債を裏付けとしたリバース・レポの取引相手になり，流動性資金の提供を行う確約をしております。

投資コミットメント

　野村は，パートナーシップ等に投資するコミットメントおよび当該投資に関連してパートナーシップに資金提供するコミットメントを行っております。

　「第5［経理の状況］　1［連結財務諸表等］　(1)［連結財務諸表］　［連結財務諸表注記］　8　リース」に野村のオペレーティング・リース，ファイナンス・リースにかかわる追加的情報を，「第5［経理の状況］　1［連結財務諸表等］　(1)［連

結財務諸表］［連結財務諸表注記］　10　借入」に野村の短期借入および長期借入にかかわる追加的情報を，「第5［経理の状況］　1［連結財務諸表等］　(1)［連結財務諸表］［連結財務諸表注記］　19　コミットメント，偶発事象および債務保証」にこれらにかかわる追加的情報を記載しております。

　こうした貸出コミットメントにかかる契約金額は，契約がすべて実行され，取引相手先が債務不履行の状態となり，既存担保が無価値になったと仮定した場合に想定される，野村の信用関連損失の最大値を表しております。締結された契約が実行されることなく契約義務が満期を迎える場合もあるため，こうした信用関連コミットメントの契約金額は将来の現金所要額を必ずしも表しているわけではありません。こうした契約義務にかかる信用リスクは，顧客の信用力および受入担保の価値によって異なったものになります。野村は，各顧客の信用力を個別に評価しております。信用供与に際して必要と考えられる場合に野村が取引相手から受け入れる担保の金額は，取引相手の信用力評価に基づいております。

　下記の表は2023年3月31日現在での満期年限別の契約上の義務および偶発的コミットメントを表示しております。

	契約総額	満期年限			
		1年以内	1〜3年	3〜5年	5年超
スタンドバイ信用状およびその他の債務保証	1,544,159	1,517,287	15,903	10,258	711
長期借入(1)	9,985,597	619,672	3,605,633	1,614,747	4,145,545
約定金利の支払(2)	1,623,599	238,543	379,912	245,268	759,876
オペレーティング・リース・コミットメント(3)	203,898	44,455	64,222	42,474	52,747
購入義務(4)	99,134	21,501	10,886	64,806	1,941
貸出コミットメント(5)	2,634,229	1,823,017	289,991	338,978	182,243
投資コミットメント	21,994	195	1,292	5,003	15,504
合計	16,112,610	4,264,670	4,367,839	2,321,534	5,158,567

（単位：百万円）

(1)　長期借入で開示されている金額は，編纂書860にしたがって金融資産の譲渡を売却取引ではなく金融取引として会計処理されている金融負債を含んでおりません。これらは野村の資金調達を目的とした借入ではなく，したがって野村が現金を返済する実際の契約上の義務を表しておりません。

(2)　約定金利の支払金額は，長期借入金に関連し，その償還期日および2023年3月31日現在適用される金利に基づいて見積もられる将来の支払金利の総額であります。

(3)　割引前の年限別将来支払リース料を示しております。また，ファイナンス・リースの契約額は重要な金額ではありませんでした。

(4)　購入義務の金額は，重要な条件がすべて特定されている法的な強制力のある契約に基づく，契約上の義務となる最低金額が記載されています。購入義務の金額には，既に貸借対照表に負債または支払債務として計上されているものは除かれています。また，日本橋地区の再開発不動産の一部を組合から購入する義務が含まれております。

(5)　中央清算機関への流動性資金の提供を行う確約を含んでおります。

　上記に記載されている契約上の義務および偶発的コミットメントには，通常の場合短期の義務の性格を有する短期借入，受入銀行預金，その他の支払債務，担保付契約および担保付調達（例えば，売戻条件付買入取引および買戻条件付売却取引）およびトレーディング負債などを含んでおりません。

　上記の金額に加えて，野村は担保付契約および担保付調達に関連する金額を含む売戻契約および買戻契約を結ぶ義務を負っております。これらのコミットメントは2023年3月31日現在，売戻契約に対して1,143十億円および買戻契約に対して2,146十億円となっております。

設備の状況

1 設備投資等の概要

　野村は，今後もお客様のニーズの変化に的確に応えながら，お客様からの信頼の獲得，およびビジネスの拡大を図るために，地域の特性に合った柔軟な形態での店舗展開を行っていきます。2023年3月期は，主要な設備である店舗等の建物および構築物に関し10,053百万円の投資を行いました。

2 主要な設備の状況

（1）　提出会社

2023年3月31日現在

事業所名	所在地	主な事業別セグメントの名称	建物および構築物		土地		合計	従業員数（人）	摘要（注）3、4
			帳簿価額（注）1、2（百万円）	面積（㎡）	帳簿価額（注）2（百万円）	面積（㎡）	帳簿価額（百万円）		
本店	東京都中央区	その他	－	93	－	－	－	167	賃貸
大手町本社	東京都千代田区		－	5,255	－	－	－		賃貸
豊洲本社	東京都江東区		－	4,765	－	－	－		賃貸

（2）　国内子会社 ···

2023年3月31日現在

会社（事業所）名	所在地	主な事業別セグメントの名称	建物および構築物 帳簿価額（注）1、2（百万円）	面積（㎡）	土地 帳簿価額（注）2（百万円）	面積（㎡）	合計 帳簿価額（百万円）	従業員数（人）	摘要（注）3、4
野村證券株式会社 本店	東京都 中央区	営業部門、	28	5,102	－	－	28		賃借
野村證券株式会社 大手町本社	東京都 千代田区	ホールセール部門および	1,389	44,134	－	－	1,389	5,873	賃借
野村證券株式会社 豊洲本社	東京都 江東区	びその他	480	16,416	－	－	480		賃借
野村證券株式会社 大阪支店	大阪市 中央区	営業部門およびホールセール部門	173	12,116	－	－	173	208	賃借
野村證券株式会社 名古屋支店	名古屋市 中区	営業部門およびホールセール部門	639	8,321	2,736	2,052	3,375	213	所有
野村アセットマネジメント株式会社 本社	東京都 江東区	インベストメント・マネジメント部門	351	11,958	－	－	351	921	賃借
野村バブコックアンドブラウン株式会社本社	東京都 中央区	インベストメント・マネジメント部門	13	1,117	－	－	13	72	賃借
野村信託銀行株式会社本社	東京都 千代田区	その他	60	4,467	－	－	60	516	賃借
野村プロパティーズ株式会社本社（注）5	東京都 中央区	その他	57	1,837	－	－	57	88	賃借
株式会社杉村倉庫	大阪市 港区	その他	38	1,471	38	2,489	76	18	所有

(3) 在外子会社

会社（事業所）名	所在地	主な事業別セグメントの名称	建物および構築物 帳簿価額（注）1、2（百万円）	建物および構築物 面積（㎡）	土地 帳簿価額（注）2（百万円）	土地 面積（㎡）	合計 帳簿価額（百万円）	従業員数（人）	摘要（注）3、4
ノムラ・セキュリティーズ・インターナショナルInc.本社	アメリカ、ニューヨーク市	ホールセール部門	4,493	17,772	－	－	4,493	2,586	賃借
インスティネットIncorporated本社	アメリカ、ニューヨーク市	ホールセール部門	61	6,334	－	－	61	253	賃借
ノムラ・インターナショナルPLC本社	イギリス、ロンドン市	ホールセール部門	14,254	27,090	－	－	14,254	2,168	所有（土地は賃借）
ノムラ・インターナショナル（ホンコン）LIMITED本社	香港	ホールセール部門	63	7,758	－	－	63	642	賃借
ノムラ・シンガポールLIMITED本社	シンガポール、シンガポール市	ホールセール部門	585	9,418	－	－	585	806	賃借
ノムラ・サービシズ・インディア・プライベート・リミテッド本社	インド、ムンバイ市	その他	226	20,222	－	－	226	3,117	賃借

（注）1 賃借物件の場合，建物造作工事にかかる額を記載しております。

　　　2 連結会社の所有にかかる金額が含まれております。なお，所有物件の場合，帳簿価額は総額で記載しております。

　　　3 所有物件には，連結会社による所有が含まれております。

　　　4 2023年3月期の支払賃借料（建物および構築物ならびに器具備品および設備等にかかるものを含む）は，47,512百万円であります。

　　　5 連結会社の所有にかかる建物および構築物の帳簿価額ならびに土地の帳簿価額および面積は野村證券株式会社本店，大手町本社に含まれております。

3 設備の新設，除却等の計画

（1） 重要な設備の新設等 ·······························

　当連結会計年度において，新たに確定した重要な設備の新設等の計画はありません。

会社名	所在地	主な事業別セグメントの名称	設備の内容	投資予定金額		資金調達方法	着手及び完了予定	
				総額（百万円）	既支払額（百万円）		着手	完了
野村ホールディングス株式会社	東京都中央区	その他	日本橋一丁目中地区第一種市街地再開発事業	120,000	8,531	自己資金	2021年12月	2026年3月

（2） 重要な設備の除却等 ·······························

　当連結会計年度において，新たに確定した重要な設備の除却等の計画はありません。

提出会社の状況

1 株式等の状況

(1) 株式の総数等 ··

① 株式の総数

種類	発行可能株式総数（株）
普通株式	6,000,000,000
第1種優先株式	200,000,000
第2種優先株式	200,000,000
第3種優先株式	200,000,000
第4種優先株式	200,000,000
計	6,000,000,000

(注) 「発行可能株式総数」の欄には，株式の種類ごとの発行可能種類株式総数を記載し，計の欄には，定款に規定されている発行可能株式総数を記載しております。

② 発行済株式

種類	事業年度末現在発行数（株） (2023年3月31日現在)	提出日現在発行数（株） (2023年6月28日現在)	上場金融商品取引所名 又は登録認可金融 商品取引業協会名	内容
普通株式	3,233,562,601	3,163,562,601	東京証券取引所 プライム市場 名古屋証券取引所 プレミア市場 シンガポール証券取引所 ニューヨーク証券取引所	単元株式数 100株
計	3,233,562,601	3,163,562,601	―	―

(注) 1 当社は2023年6月1日に自己株式70,000,000株の消却を実施いたしました。

2 提出日（2023年6月28日）現在の発行数には，2023年6月1日からこの有価証券報告書提出日までの間に新株予約権の行使があった場合に発行される株式数は含まれておりません。

■ 経理の状況

1 連結財務諸表および財務諸表の作成方法について ·····························

(1) 当社の連結財務諸表は「連結財務諸表の用語，様式及び作成方法に関する規則」（昭和51年大蔵省令第28号）第95条の規定に従い，米国預託証券の発行に関して要請されている会計処理の原則および手続ならびに表示方法，すなわち，米国において一般に公正妥当と認められた会計原則に基づき作成されております。

(2) 当社の連結財務諸表は，各連結会社がその所在する国において一般に公正妥当と認められている企業会計の基準に準拠して作成した個別財務諸表を基礎として，上記（1）の基準に合致するよう必要な修正を加えて作成されております。

(3) 当社の財務諸表は，「財務諸表等の用語，様式及び作成方法に関する規則」（昭和38年大蔵省令第59号，以下「財務諸表等規則」）に基づき作成しております。

　また，当社は，特例財務諸表提出会社に該当し，財務諸表等規則第127条の規定により財務諸表を作成しております。

2 監査証明について ··

　当社は，金融商品取引法第193条の2第1項の規定に基づき，連結会計年度（2022年4月1日から2023年3月31日まで）の連結財務諸表および事業年度（2022年4月1日から2023年3月31日まで）の財務諸表について，EY新日本有限責任監査法人による監査を受けております。

3 連結財務諸表等の適正性を確保するための特段の取組みについて ·············

　当社は，連結財務諸表等の適正性を確保するための特段の取組みを行っております。会計基準等の内容を適切に把握し，かつ会計基準等の変更等について的確に対応するための社内組織や，当社の開示すべき重要情報の網羅性，適正性を確保するための社内組織を設置しております。

（1） 連結財務諸表 ···

① 連結貸借対照表

区分	注記番号	2022年3月31日 金額（百万円）	2023年3月31日 金額（百万円）
（資産）			
現金・預金：			
現金および現金同等物		3,316,238	3,820,685
定期預金		320,754	409,082
取引所預託金およびその他の顧客分別金		426,519	291,480
計		4,063,511	4,521,247
貸付金および受取債権：			
貸付金	※2,7	3,579,727	4,013,852
（2022年3月31日現在　1,210,590百万円、 2023年3月31日現在　1,650,115百万円の 公正価値オプション適用により公正価値評価した金額を含む。）			
顧客に対する受取債権	※2,4	417,661	379,911
（2022年3月31日現在　86,839百万円、 2023年3月31日現在　39,107百万円の 公正価値オプション適用により公正価値評価した金額を含む。）			
顧客以外に対する受取債権		1,069,660	819,263
（2022年3月31日現在　10,362百万円、 2023年3月31日現在　—百万円の 公正価値オプション適用により公正価値評価した金額を含む。）			
貸倒引当金	※7	△66,346	△5,832
計		5,000,702	5,207,194
担保付契約：			
売戻条件付買入有価証券	※2	11,879,312	13,834,460
（2022年3月31日現在　297,653百万円、 2023年3月31日現在　303,499百万円の 公正価値オプション適用により公正価値をした金額を含む。）			
借入有価証券担保金		4,997,129	4,283,039
計		16,876,441	18,117,499
トレーディング資産およびプライベートエクイティ・デット投資：			
トレーディング資産	※2,3	15,230,817	17,509,934
（2022年3月31日現在　4,643,412百万円、 2023年3月31日現在　5,656,626百万円の 担保差入有価証券を含む。） （2022年3月31日現在　14,328百万円、 2023年3月31日現在　7,043百万円の 公正価値オプション適用により公正価値をした金額を含む。）			
プライベートエクイティ・デット投資	※2	65,193	99,399
（2022年3月31日現在　10,770百万円、 2023年3月31日現在　18,033百万円の 公正価値オプション適用により公正価値評価した金額を含む。）			
計		15,296,010	17,609,333
その他の資産：			
建物、土地、器具備品および設備		419,047	464,316
（2022年3月31日現在　426,081百万円、 2023年3月31日現在　459,954百万円の減価償却累計額控除後）			
トレーディング目的以外の負債証券	※2	484,681	337,361
（2022年3月31日現在　17,823百万円、 2023年3月31日現在　0百万円の担保差入有価証券を含む。）			
投資持分証券	※2	133,897	97,660
（2022年3月31日現在　606百万円、 2023年3月31日現在　953百万円の担保差入有価証券を含む。）			
関連会社に対する投資および貸付金	※7,18	364,281	402,485
（2022年3月31日現在　5,038百万円、 2023年3月31日現在　5,658百万円の担保差入有価証券を含む。）			
その他	※2,9	773,586	1,014,707
（2022年3月31日現在　169,080百万円、 2023年3月31日現在　168,780百万円の 公正価値オプション適用により公正価値をした金額を含む。）			
計		2,175,492	2,316,529
資産合計		43,412,156	47,771,802

区分	注記番号	2022年3月31日 金額（百万円）	2023年3月31日 金額（百万円）
（負債および資本）			
短期借入	※2, 10	1,050,141	1,008,541
（2022年3月31日現在　710,629百万円、			
2023年3月31日現在　476,212百万円の			
公正価値オプション適用により公正価値評価をした金額を含む。）			
支払債務および受入預金：			
顧客に対する支払債務	※4	1,522,961	1,359,948
顧客以外に対する支払債務		1,636,725	1,799,585
受入銀行預金	※2	1,760,679	2,137,936
（2022年3月31日現在　71,156百万円、			
2023年3月31日現在　159,505百万円の			
公正価値オプション適用により公正価値評価をした金額を含む。）			
計		4,920,365	5,297,469
担保付調達：			
買戻条件付売却有価証券	※2	12,574,556	14,217,966
（2022年3月31日現在　411,847百万円、			
2023年3月31日現在　666,985百万円の			
公正価値オプション適用により公正価値評価をした金額を含む。）			
貸付有価証券担保金	※2	1,567,351	1,556,663
（2022年3月31日現在　104,606百万円、			
2023年3月31日現在　82,136百万円の			
公正価値オプション適用により公正価値評価をした金額を含む。）			
その他の担保付借入		396,291	334,319
計		14,538,198	16,108,948
トレーディング負債	※2, 3	9,652,118	10,557,971
その他の負債	※2, 9	1,020,225	1,175,521
（2022年3月31日現在　52,110百万円、			
2023年3月31日現在　34,984百万円の			
公正価値オプション適用により公正価値評価をした金額を含む。）			
長期借入	※2, 10	9,258,306	10,399,210
（2022年3月31日現在　4,557,326百万円、			
2023年3月31日現在　4,957,581百万円の			
公正価値オプション適用により公正価値評価をした金額を含む。）			
負債合計		40,439,353	44,547,660
コミットメントおよび偶発事象	※19		
資本：	※16		
資本金		594,493	594,493
無額面：			
授権株式数－			
2022年3月31日現在　6,000,000,000株			
2023年3月31日現在　6,000,000,000株			
発行済株式数－			
2022年3月31日現在　3,233,562,601株			
2023年3月31日現在　3,233,562,601株			
発行済株式数（自己株式控除後）－			
2022年3月31日現在　3,017,804,012株			
2023年3月31日現在　3,003,679,324株			
資本剰余金		697,507	707,189
利益剰余金		1,606,987	1,647,005
累積的その他の包括利益	※15	127,973	318,454
計		3,026,960	3,267,141
自己株式（取得価額）		△112,355	△118,574
自己株式数－			
2022年3月31日現在　215,758,589株			
2023年3月31日現在　229,883,277株			
当社株主資本合計		2,914,605	3,148,567
非支配持分		58,198	75,575
資本合計		2,972,803	3,224,142
負債および資本合計		43,412,156	47,771,802

次の表は連結貸借対照表上の連結変動持分事業体の資産および負債を表しております。連結変動持分事業体の資産はその債権者に対する支払義務の履行にのみ使用され，連結変動持分事業体の債権者は，通常，野村に対して変動持分事業体の所有する資産を超過する遡及権を有しておりません。詳細は「［連結財務諸表注記］6　証券化および変動持分事業体」をご参照ください。

（単位：十億円）

	2022年3月31日	2023年3月31日
現金・預金	62	23
トレーディング資産およびプライベートエクイティ・デット投資	1,024	1,044
その他の資産	125	127
資産合計	1,211	1,194
トレーディング負債	0	0
その他の負債	6	5
借入	892	887
負債合計	898	892

関連する連結財務諸表注記をご参照ください。

② 連結損益計算書

区分	注記番号	2022年3月期 自 2021年4月1日 至 2022年3月31日 金額（百万円）	2023年3月期 自 2022年4月1日 至 2023年3月31日 金額（百万円）
収益：			
委託・投信募集手数料	※4	332,344	279,857
投資銀行業務手数料	※4	149,603	113,208
アセットマネジメント業務手数料	※4	269,985	271,684
トレーディング損益	※2,3	368,799	563,269
プライベートエクイティ・デット投資関連損益		30,768	14,504
金融収益		284,222	1,114,690
投資持分証券関連損益		5,446	△1,426
その他	※4,9	152,832	130,940
収益合計		1,593,999	2,486,726
金融費用		230,109	1,151,149
収益合計（金融費用控除後）		1,363,890	1,335,577
金融費用以外の費用：			
人件費		529,506	605,787
支払手数料		105,204	119,237
情報・通信関連費用		184,319	209,537
不動産関係費		69,742	66,857
事業促進費用		15,641	22,636
その他	※9	232,855	162,049
金融費用以外の費用計		1,137,267	1,186,103
税引前当期純利益		226,623	149,474
法人所得税等	※14	80,090	57,798
当期純利益		146,533	91,676
差引：非支配持分に帰属する当期純利益（損失）		3,537	△1,110
当社株主に帰属する当期純利益		142,996	92,786

区分	注記番号	2022年3月期 自 2021年4月1日 至 2022年3月31日 金額（円）	2023年3月期 自 2022年4月1日 至 2023年3月31日 金額（円）
普通株式1株当たり：	※11		
基本－			
当社株主に帰属する当期純利益		46.68	30.86
希薄化後－			
当社株主に帰属する当期純利益		45.23	29.74

関連する連結財務諸表注記をご参照ください。

③　連結包括利益計算書

区分	2022年3月期 自　2021年4月1日 至　2022年3月31日 金額（百万円）	2023年3月期 自　2022年4月1日 至　2023年3月31日 金額（百万円）
当期純利益	146,533	91,676
その他の包括利益：		
為替換算調整額：		
為替換算調整額	122,468	107,058
繰延税額	△946	△145
計	121,522	106,913
確定給付年金制度：		
年金債務調整額	△404	16,422
繰延税額	78	△4,793
計	△326	11,629
自己クレジット調整額：		
自己クレジット調整額	60,777	95,047
繰延税額	△12,930	△22,050
計	47,847	72,997
その他の包括利益合計	169,043	191,539
包括利益	315,576	283,215
差引：非支配持分に帰属する包括利益	6,463	△52
当社株主に帰属する包括利益	309,113	283,267

関連する連結財務諸表注記をご参照ください。

④ 連結資本勘定変動表

区分	2022年3月期 自 2021年4月1日 至 2022年3月31日 金額（百万円）	2023年3月期 自 2022年4月1日 至 2023年3月31日 金額（百万円）
資本金		
期首残高	594,493	594,493
期末残高	594,493	594,493
資本剰余金		
期首残高	696,122	697,507
株式に基づく報酬取引	1,421	9,411
子会社に対する持分変動	—	287
関連会社に対する持分変動	△36	△16
期末残高	697,507	707,189
利益剰余金		
期首残高	1,533,713	1,606,987
当社株主に帰属する当期純利益	142,996	92,786
現金配当金	△67,007	△51,050
自己株式売却損益	△2,715	△1,718
期末残高	1,606,987	1,647,005
累積的その他の包括利益		
為替換算調整額		
期首残高	18,316	136,912
当期純変動額	118,596	105,855
期末残高	136,912	242,767
確定給付年金制度		
期首残高	△43,477	△43,803
年金債務調整額	△326	11,629
期末残高	△43,803	△32,174
自己クレジット調整額		
期首残高	△12,983	34,864
自己クレジット調整額	47,847	72,997
期末残高	34,864	107,861
期末残高	127,973	318,454
自己株式		
期首残高	△91,246	△112,355
取得	△39,650	△24,728
売却	0	0
従業員に対する発行株式	18,541	18,509
期末残高	△112,355	△118,574
当社株主資本合計		
期末残高	2,914,605	3,148,567

区分	2022年3月期 自 2021年4月1日 至 2022年3月31日 金額（百万円）	2023年3月期 自 2022年4月1日 至 2023年3月31日 金額（百万円）
非支配持分		
期首残高	61,513	58,198
現金配当金	△1,421	△3,277
非支配持分に帰属する当期純利益（△損失）	3,537	△1,110
非支配持分に帰属する累積的その他の包括利益		
為替換算調整額	2,926	1,058
子会社株式の購入・売却等（純額）	1,307	△301
その他の増減（純額）	△9,664	21,007
期末残高	58,198	75,575
資本合計		
期末残高	2,972,803	3,224,142

関連する連結財務諸表注記をご参照ください。

⑤ 連結キャッシュ・フロー計算書

区分	2022年3月期 自 2021年4月1日 至 2022年3月31日 金額（百万円）	2023年3月期 自 2022年4月1日 至 2023年3月31日 金額（百万円）
営業活動によるキャッシュ・フロー：		
当期純利益	146,533	91,676
当期純利益の営業活動に使用された現金（純額）への調整		
減価償却費および償却費	59,524	61,424
株式報酬費用	27,941	35,216
投資持分証券関連損益	△5,446	1,426
子会社および関係会社株式売却損益	△79,396	△23,889
持分法投資損益（受取配当金控除後）	△20,235	△34,127
建物、土地、器具備品および設備の処分損益	△3,490	344
繰延税額	3,106	6,137
営業活動にかかる資産および負債の増減：		
定期預金	△23,064	△70,532
取引所預託金およびその他の顧客分別金	△18,408	170,632
トレーディング資産およびプライベートエクイティ・デット投資	1,254,261	△1,576,531
トレーディング負債	△284,747	467,257
売戻条件付買入有価証券および買戻条件付売却有価証券（純額）	△2,220,493	△590,424
借入有価証券担保金および貸付有価証券担保金（純額）	595,116	834,438
その他の担保付借入	2,120	△62,416
貸付金および受取債権（貸倒引当金控除後）	△412,429	178,254
支払債務	△247,980	△139,417
賞与引当金	△1,865	△3,319
未払法人所得税（純額）	△37,639	△42,603
その他（純額）	△102,119	△278,296
営業活動に使用された現金（純額）	△1,368,710	△974,750

区分	2022年3月期 自 2021年4月1日 至 2022年3月31日 金額（百万円）	2023年3月期 自 2022年4月1日 至 2023年3月31日 金額（百万円）
投資活動によるキャッシュ・フロー：		
建物、土地、器具備品および設備の購入	△111,331	△171,165
建物、土地、器具備品および設備の売却	94,985	63,648
投資持分証券の購入	△300	△100
投資持分証券の売却	2,502	35,499
銀行業務貸付金の増加（純額）	△112,782	△84,570
トレーディング目的以外の負債証券の減少（△増加）（純額）	△51,065	159,558
事業の取得および売却（純額）	—	16,950
関連会社に対する投資の減少（純額）	103,437	18,180
その他投資およびその他資産の減少（純額）	29,253	945
投資活動から得た（△投資活動に使用された）現金（純額）	△45,301	38,945
財務活動によるキャッシュ・フロー：		
長期借入の増加	3,895,059	2,337,586
長期借入の減少	△2,670,106	△1,230,365
短期借入の減少（純額）	△475,509	△81,925
受入銀行預金の増加（純額）	448,099	326,299
自己株式の売却に伴う収入	11	4
自己株式の取得に伴う支払	△39,650	△24,728
配当金の支払	△70,714	△57,262
非支配持分からの出資	—	59,718
非支配持分への分配	△16,475	△37,630
財務活動から得た現金（純額）	1,070,715	1,291,697
現金、現金同等物、制限付き現金および制限付き現金同等物に対する為替相場変動の影響額	149,693	148,552
現金、現金同等物、制限付き現金および制限付き現金同等物の増加（△減少）額	△193,603	504,444
現金、現金同等物、制限付き現金および制限付き現金同等物の期首残高	3,510,011	3,316,408
現金、現金同等物、制限付き現金および制限付き現金同等物の期末残高	3,316,408	3,820,852

区分	2022年3月期 自 2021年4月1日 至 2022年3月31日 金額（百万円）	2023年3月期 自 2022年4月1日 至 2023年3月31日 金額（百万円）
補足開示：		
期中の現金支出額－		
利息の支払額	225,679	1,098,815
法人所得税等支払額（純額）	114,623	94,263

次の表は，連結貸借対照表に含まれる現金および現金同等物ならびに取引所預託金およびその他の顧客分別金に含まれる制限付き現金および制限付き現金同等物と連結キャッシュ・フロー計算書の現金，現金同等物，制限付き現金および制限付き現金同等物の調整表です。制限付き現金および制限付き現金同等物は，野村以外の第三者により，そのアクセス，引出，または使用が実質的に制限されているものの残高です。

区分	2022年3月期 自 2021年4月1日 至 2022年3月31日 金額（百万円）	2023年3月期 自 2022年4月1日 至 2023年3月31日 金額（百万円）
現金および現金同等物	3,316,238	3,820,685
取引所預託金およびその他の顧客分別金に含まれる 制限付き現金および制限付き現金同等物	170	167
現金、現金同等物、制限付き現金および制限付き現金同 等物合計	3,316,408	3,820,852

現金支出を伴わない取引

2022年3月期および2023年3月期において，新たに認識した使用権資産はそれぞれ32,208百万円および36,032百万円です。

関連する連結財務諸表注記をご参照ください。

[連結財務諸表注記]

1 会計処理の原則および会計方針の要旨：……………………………………

2001年12月，野村ホールディングス株式会社（以下「当社」）はニューヨーク証券取引所に米国預託証券を上場するため，1934年証券取引所法に基づき登録届出書を米国証券取引委員会（以下「米国SEC」）に提出しました。以後当社は，年次報告書である「様式20－F」を1934年証券取引所法に基づき米国SECに年1回提出することを義務付けられております。

上記の理由により，野村（以下，当社および当社が財務上の支配を保持する事業体を合わせて「野村」）の連結財務諸表は，「連結財務諸表の用語，様式及び作成方法に関する規則」（昭和51年大蔵省令第28号）第95条の規定に従い，米国預託証券の発行に関して要請されている会計処理の原則および手続きならびに表

示方法，すなわち，米国において一般に公正妥当と認められた会計原則（以下「米国会計原則」）に基づき作成されております。なお，2023年3月期において野村が採用しております米国会計原則とわが国における会計処理の原則および手続きならびに連結財務諸表の表示方法（以下「日本会計原則」）との主要な相違点は次のとおりであります。

・連結の範囲

　米国会計原則では，主に，議決権所有割合および主たる受益者を特定することにより連結の範囲が決定されます。日本会計原則では，主に，議決権所有割合および議決権所有割合以外の要素を加味した「支配力基準」により，連結の範囲が決定されます。

　また，米国会計原則では特定の会計指針が適用される投資会社が定義されており，当該指針の対象となる投資会社におけるすべての投資は公正価値で評価され，公正価値の変動は連結損益計算書に計上されます。日本会計原則では，財務諸表提出会社であるベンチャーキャピタルが営業取引としての投資育成目的で他の会社の株式を所有しているなどの場合においては，当該他の会社を支配していることに該当する要件を満たす場合であっても子会社に該当しないものとして取り扱うことができます。

・トレーディング目的以外の投資持分証券の評価差額

　証券会社に適用される米国会計原則では，トレーディング目的以外の投資持分証券（営業目的の投資持分証券を含む）は公正価値で評価され，評価差額は連結損益計算書に計上されます。日本会計原則では，トレーディング目的以外の投資持分証券は公正価値で評価され，評価差額は適用される法人税等を控除しその他の包括利益に計上されます。

・トレーディング目的以外の負債証券への投資の評価差額

　証券会社に適用される米国会計原則では，トレーディング目的以外の負債証券への投資は公正価値で評価され，評価差額は連結損益計算書に計上されます。日本会計原則では，トレーディング目的以外の負債証券への投資は公正価値で評価され，評価差額は適用される法人税等を控除しその他の包括利益に計上されます。2021年3月期および2022年3月期の日本会計原則に基づいた場合の連結税引

前当期純利益と比較した影響額は，2,300百万円（損失）および10,749百万円（損失）であります。

・退職金および年金給付

　米国会計原則では，年金数理上の仮定の変更や仮定と異なる実績から生じた損益は，当該損益純額の期首時点の残高が回廊額（予測給付債務と年金資産の公正価値のうち大きい額の10%と定義される）を超過している場合に，当該超過部分が従業員の平均残存勤務期間にわたって償却されます。日本会計原則では，年金数理差異等は回廊額とは無関係に一定期間にわたり償却されます。

・のれんの償却

　米国会計原則では，のれんに対しては定期的に減損判定を実施することが規定されております。日本会計原則では，のれんは20年以内の一定期間において均等償却されます。

・持分法投資の減損

　米国会計原則では，持分法投資に一時的でない投資の価値の減少が発生した場合，帳簿価額が公正価値を超過する金額を減損損失として認識します。日本会計原則では，持分法投資に内包されるのれんは20年以内の期間にわたって合理的な方法により償却するとともに，必要な場合はのれんの未償却残高の一部または全部を減損処理します。

・デリバティブ金融商品の評価差額

　米国会計原則では，ヘッジ手段として保有するデリバティブ金融商品を含めすべてのデリバティブ金融商品は公正価値で評価され，評価差額は，損益またはその他の包括利益に計上されます。日本会計原則では，ヘッジ手段として保有するデリバティブ金融商品は公正価値で評価され，評価差額は適用される法人税等を控除しその他の包括利益に計上されます。

・金融資産および金融負債の公正価値

　米国会計原則では，通常は公正価値で測定されない一定の資産と負債を公正価値で測定する選択権（公正価値オプション）が容認されております。公正価値オプションが選択された場合，該当商品の公正価値の変動は，損益として認識されます。日本会計原則では，このような公正価値オプションは容認されておりませ

ん。なお，証券会社に適用される米国会計原則では公正価値で計上されている市場価格のない株式は，日本会計原則では，取得原価から減損損失を控除した金額で計上されます。

・デリバティブ契約に関連した相殺処理

　米国会計原則では，マスター・ネッティング契約に基づき資産と負債が純額処理されたデリバティブ商品については，関連する現金担保の請求権または返還義務も併せて相殺することとなっております。日本会計原則においては，このような相殺処理は容認されておりません。

・新株発行費用

　米国会計原則では，新株発行費用を控除した純額で払込金額を資本として計上することとされております。日本会計原則では，新株発行費用を支出時に全額費用化するか，または繰延資産に計上して新株発行後3年以内の一定期間において均等償却を行うこととされています。

・子会社に対する支配の喪失時の会計処理

　米国会計原則では，子会社に対する支配を喪失し，持分法適用の投資先になる場合，従前の子会社に対する残余の投資は，支配喪失日における公正価値で評価され，評価差損益が認識されます。日本会計原則においては，従前の子会社に対する残余の投資は，連結貸借対照表上，親会社の個別貸借対照表上に計上している当該関連会社株式の帳簿価額に，当該会社に対する支配を喪失する日まで連結財務諸表に計上した投資の修正額のうち売却後持分額を加減した，持分法による投資評価額により評価されます。

・株式報酬費用

　米国会計原則では，譲渡制限株式ユニット（以下「RSU」）は資本型報酬として扱われ，その総報酬費用は付与日の当社の普通株式の公正価値に基づき算定されます。日本会計原則では，RSUの総報酬費用は，従業員等に付与された金銭報酬債権額としております。2022年3月期および2023年3月期の日本会計原則に基づいた場合の連結税引前当期純利益と比較した影響額は，それぞれ5,481百万円（利益）および3,300百万円（利益）であります。

事業の概況

　当社ならびに証券業務，銀行業務およびその他の金融サービス業を行う子会社は，個人や法人，政府などの顧客向けに世界の主要な金融市場において，投資，金融およびこれらに関連するサービスを提供しております。

　野村の事業は，主要な商品・サービスの性格，顧客基盤および経営管理上区分された部門に基づいて行われております。2021年4月1日付けで，アセット・マネジメント部門およびマーチャント・バンキング部門を廃止し，インベストメント・マネジメント部門を新設いたしました。野村の業務運営および経営成績の報告は，営業部門，インベストメント・マネジメント部門およびホールセール部門の区分で行われております。

　営業部門は，主に日本国内の個人投資家等に対し資産管理型営業によるサービスを提供しております。インベストメント・マネジメント部門は，主に投資信託の設定や運用，国内外の投資家に対する投資一任サービス，投資法人や機関投資家向けファンドの運用や管理，匿名組合管理など，さまざまな投資運用サービスや投資ソリューションを提供しております。ホールセール部門は，全世界的な規模で債券，株式，デリバティブや為替のセールスおよびトレーディング業務を行うとともに，債券および株式の引受および売出し業務，M&Aの仲介，財務アドバイザリー業務などの多様な投資銀行サービスを提供しております。

連結財務諸表作成上の基礎

　連結財務諸表作成にあたっては，当社および当社が財務上の支配を保持している事業体を連結の範囲に含めております。野村はまず事業体の財務上の支配を保持しているかどうかを決定するため，米国財務会計基準審議会編纂書の規定に従い，事業体が「変動持分事業体」であるかを判定しております。変動持分事業体とは，株主が財務上の支配を保持しているとはいえない事業体，あるいは追加の劣後的財務支援がない場合には業務を遂行するための充分なリスク資本を確保していない事業体であります。野村は変動持分を保有することにより変動持分事業体の最も重要な活動を支配するパワーを有し，かつ，利益を享受する権利または損失を負担する義務が重要と判定される持分を有し，かつ受託者として他の受益

者のために行動していない場合には当該変動持分事業体を連結しております。

　野村は，変動持分事業体に該当しない事業体については野村が議決権の過半を所有する場合には通常野村が財務上の支配を保持しているものと判定しております。

　野村が営業上および財務上の意思決定に対し重要な影響力を保持している（通常，会社の議決権の20％から50％またはリミテッド・パートナーシップ等の3％以上を保有する場合）事業体へのエクイティ投資については持分法会計を適用し（以下「持分法適用投資」），その他の資産－関連会社に対する投資および貸付金の勘定に計上するか，または編纂書825「金融商品」（以下「編纂書825」）で許容される公正価値オプションを選択し公正価値で計上され，連結貸借対照表上は投資の性質に応じてトレーディング資産，プライベートエクイティ・デット投資またはその他の資産－その他の勘定に計上しております。野村が財務上の支配も重要な影響力も保持していない事業体へのエクイティ投資は公正価値で計上され，公正価値の変動は連結損益計算書で認識されるとともに連結貸借対照表上は投資の性質に応じてトレーディング資産，プライベートエクイティ・デット投資またはその他の資産－その他の勘定に計上しております。

　野村の投資先には編纂書946「ファイナンシャル・サービス-投資会社」（以下「編纂書946」）に基づく投資会社がいくつかあります。野村はこれら投資会社におけるすべての投資は連結や持分法は適用されずすべて公正価値で計上され，公正価値の変動は連結損益計算書で認識されます。

　当社の主要な子会社には野村證券株式会社，ノムラ・セキュリティーズ・インターナショナル Inc.，ノムラ・インターナショナル PLC および野村ファイナンシャル・プロダクツ・サービシズ株式会社があります。

　重要な連結会社間取引および残高は，連結の過程ですべて相殺消去しております。

連結財務諸表作成上の見積もり

　野村は会計上の見積もりを用いて連結財務諸表を作成しており，経営者による困難かつ主観的で複雑な判断を必要とします。これらの見積もりのうち，経営者

が重要な会計上の見積もりと判断したものには金融商品の公正価値や訴訟引当金が含まれます。見積もりはその性質上，経営者の判断を必要とする仮定や利用可能な情報の範囲に依拠しています。将来の実績は直近の見積もりと乖離する可能性があり，結果として連結財務諸表に重要な影響を及ぼす可能性があります。

　経営者の判断に基づく見積もりや見積もりの要素，経営者による仮定が現時点または継続的に見積もりに与える影響や関連する連結財務諸表数値については，関連する連結財務諸表注記に記載しております。

金融商品の公正価値

　野村の金融資産および金融負債の大半は経常的に公正価値で計上され，公正価値の変動は連結損益計算書や連結包括利益計算書を通じて認識されます。公正価値評価は米国会計原則により明確に適用が要求される場合と，野村が公正価値オプションを選択できる対象に公正価値オプションを選択して適用する場合があります。

　その他の一義的な評価基準が公正価値に基づかない金融資産や金融負債は非経常的に公正価値評価されます。その場合，公正価値は減損の測定など当初認識以降の限定的な状況で使用されます。

　ほとんどの場合，公正価値は編纂書820「公正価値評価と開示」（以下「編纂書820」）に基づき，測定日において市場参加者の間で行われる通常の取引において金融資産の譲渡の対価として得られると想定される金額または金融負債を移転するのに必要と想定される金額と定義され，野村が各金融資産または金融負債を取引する場合において主に利用すると想定される市場（当該主要な市場がないときは最も有利な市場）における取引を想定しております。野村が通常扱っている金融商品のタイプ毎の公正価値評価方法の詳細については，「注記2　公正価値測定」をご参照ください。

　連結債務担保金融事業体に該当する変動持分事業体が保有する金融資産および金融負債は，いずれかの公正価値のうち，より観察可能な方で測定する代替法を使用しております。

貸倒引当金

野村は公正価値で測定されていない金融債権および公正価値で測定されていない未実行のローン・コミットメントを含むオフ・バランスの金融商品の現在予想信用損失に対する引当てを，編纂書326「金融商品－信用損失」（以下「編纂書326」）に従い認識しております。

現在予想信用損失減損モデル（以下「CECL減損モデル」）に準拠した貸倒引当金を決定するにあたり野村が使用する方法は，主に金融商品の性質や編纂書326で認められている実務上の簡便法が当社で適用されているかどうかに依拠しております。

現在予想信用損失を決定するにあたって野村が使用する方法は，主に金融商品の性質や編纂書326で認められている実務上の簡便法が当社で適用されているかどうか，および金融債権から生じる予想信用損失が重大であるかどうかに依拠しております。

金融商品の現在予想信用損失に対する引当ては連結貸借対照表上，貸倒引当金として計上され，オフ・バランスの金融商品に対する現在予想信用損失に対する引当ては連結対象対照表上，その他の負債として計上されます。引当ての変動は連結損益計算書上，その他の費用に計上されます。　現在予想信用損失に対する貸倒引当金の計算方法を含む詳細については「注記7　金融債権」をご参照ください。

金融資産の譲渡

野村は金融資産の譲渡について，次の条件をすべて満たすことにより野村がその資産に対する支配を喪失する場合には，売却取引として会計処理いたします：(a) 譲渡資産が譲渡人から隔離されていること（譲渡人が倒産した場合または財産管理下に置かれた場合においても）。(b) 譲受人が譲り受けた資産を担保として差し入れる，もしくは譲渡する権利を有していること，または譲受人の唯一の目的が証券化やアセットバックファイナンスの場合において，受益持分の保有者が受益持分を差し入れる，もしくは譲渡する権利を有していること。(c) 譲渡人が譲渡資産に対する実質的な支配を維持していないこと。

証券化活動に関連して，野村は，商業用および居住用モーゲージ，政府債および事業会社の負債証券ならびにその他の形態の金融商品を証券化するために特別目的事業体を利用しております。野村の特別目的事業体への関与としましては，特別目的事業体を組成すること，特別目的事業体が発行する負債証券および受益権を投資家のために引受け，売出し，販売することが含まれております。野村は証券化により譲渡した金融資産に対する支配を喪失したときにオフ・バランス処理し，当該特別目的事業体は連結対象としておりません。野村が金融資産に対する持分を保有することもあり，証券化を実施するために設立された特別目的事業体の残存持分を一般的な市場条件により保有することもあります。野村の連結貸借対照表では，当該持分は公正価値により評価し，トレーディング資産として計上され，公正価値の変動はすべて連結損益計算書上，収益－トレーディング損益として認識しております。

外貨換算

　当社の子会社は，それぞれの事業体における主たる経済環境の機能通貨により財務諸表を作成しております。連結財務諸表の作成に際し，日本円以外の機能通貨を持つ子会社の資産および負債は各期末日における為替相場により円貨換算し，収益および費用は期中平均為替相場により円貨換算しております。この結果生じた換算差額は，当社株主資本に累積的その他の包括利益として表示しております。

　外貨建資産および負債は，期末日における為替相場により換算しており，その結果生じた為替差損益は，各期の連結損益計算書に計上されています。

顧客へのサービス提供から生じる収益

　野村はすべての部門において，顧客への金融サービス提供から生じる報酬および手数料により，収益を獲得しております。これらのサービスのうち主要なものとは，取引執行・清算サービス，投資信託募集サービス，財務アドバイザリーサービス，引受および売出業務サービス，およびアセット・マネジメント業務サービスが該当します。

顧客との契約内で野村が約束した主要な区分可能かつ実質的な義務（「履行義務」）それぞれが充足され，野村が提供するサービスに対する支配を顧客が獲得した時，または獲得するにつれて，収益が認識されます。一般的に，これらの履行義務は一定の時点もしくは，特定の基準を満たした場合には一定の期間にわたって充足されます。

　取引執行，清算および投資信託募集サービスから得られる収益は連結損益計算書の委託・投信募集手数料に計上され，アセット・マネジメント業務サービスから得られる収益はアセットマネジメント業務手数料に計上され，財務アドバイザリーサービス，引受および売出業務サービスから得られる報酬は投資銀行業務手数料に計上されます。

　顧客へサービスを提供するための契約を獲得ないし履行するための費用は，一定の基準を満たした場合，資産として繰り延べられます。連結貸借対照表のその他の資産に計上されるこれらの繰り延べられた費用は，サービスの提供によって関連する収益が認識された時，もしくは，それ以前にその費用が回収不能となり，減損された場合に連結損益計算書で認識されます。

トレーディング資産およびトレーディング負債

　トレーディング資産は，主に連結貸借対照表上約定日基準で認識される負債証券，持分証券およびデリバティブならびに決済日基準で認識される貸付金から構成されます。以下の基準のいずれかが満たされた場合，金融資産はトレーディング目的として分類されます。

- ・当該資産が短期的な売買により利益を生み出すことを目的として組成または取得されている場合
- ・当該資産が短期的な利益の獲得または裁定取引を目的とした金融商品ポートフォリオの一部である場合
- ・当該資産がデリバティブ資産である場合

　トレーディング負債は主に有価証券のショート・ポジションのおよびデリバティブ負債で構成され，連結貸借対照表上は約定日基準で認識されております。トレーディング資産およびトレーディング負債は公正価値で評価され，その変動

は連結損益計算書上, 原則として収益ートレーディング損益に計上されておりま
す。

　デリバティブに関連しない特定のトレーディング負債は, 営業目的で保有する
投資持分証券の価格変動リスクを経済的にヘッジするため保有されます。このよ
うなトレーディング負債の公正価値の変動は, 連結損益計算書上, 投資持分証券
関連損益に計上されております。

担保付契約および担保付調達

　担保付契約は, 売戻条件付買入有価証券に計上される売戻条件付有価証券買
入取引および借入有価証券担保金に計上される有価証券借入取引から構成されま
す。担保付調達は, 買戻条件付売却有価証券に計上される買戻条件付有価証券
売却取引, 貸付有価証券担保金に計上される有価証券貸付取引およびその他の一
定の担保付借入から構成されます。

　売戻条件付有価証券買入取引および買戻条件付有価証券売却取引 (以下「レポ
取引」) は, 主に有価証券を顧客との間において売戻条件付で購入する, または買
戻条件付で売却する取引であります。当該取引は概ね担保付契約または担保付調
達として会計処理されており, 買受金額または売渡金額で連結貸借対照表に計上
しております。一部のレポ取引は公正価値オプションの適用により公正価値で計
上されます。

　野村は日本の金融市場において一般的な, 日本版のレポ取引 (以下「現先レポ
取引」) を行っております。現先レポ取引では, 値洗いが要求され, 有価証券の差
換権があり, また一定の場合に顧客が譲り受けた有価証券を売却または再担保に
提供する権利が制限されております。現先レポ取引は担保付契約あるいは担保付
調達として会計処理されており, 買受金額または売渡金額で連結貸借対照表に計
上されております。

　有価証券借入取引および有価証券貸付取引は, それぞれ概ね担保付契約および
担保付調達として会計処理されております。当該取引は通常, 現金担保付の取引
であり, 差入担保または受入担保の金額は, 連結貸借対照表上, それぞれ借入有
価証券担保金または貸付有価証券担保金として計上されております。有価証券借

入取引の現在予想信用損失に対する貸倒引当金は，担保請求が厳密に行われていることや契約上の満期が短期間であることから重要な金額ではありませんでした。野村が有価証券の貸借取引において貸手となり，担保として売却または差入可能な有価証券を受け取る場合，野村は受領した有価証券を公正価値で評価しその他の資産―その他で認識するとともに当該有価証券の返還義務をその他の負債で認識します。

　編纂書326に基づく現在予想信用損失に対する貸倒引当金の決定を含む詳細については「注記7　金融債権」をご参照ください。

担保付契約および担保付調達の相殺

　担保付契約および担保付調達として会計処理される売戻条件付有価証券買入取引および買戻条件付有価証券売却取引（現先レポ取引を含む）のうち，同一の取引相手とマスター・ネッティング契約を締結しているものは，編纂書210－20「貸借対照表－相殺」（以下「編纂書210－20」）に定義された特定の条件に合致する場合は，連結貸借対照表上相殺して表示しております。特定の条件には，取引の満期，担保が決済される振替機関，関連する銀行取決めおよびマスター・ネッティング契約における一括清算および相殺の法的有効性などに関する要件が含まれます。同様に，担保付契約および担保付調達として会計処理される有価証券借入取引および有価証券貸付取引のうち，同一の取引相手とマスター・ネッティング契約を締結しているものも，編纂書210－20に定義された特定の条件に合致する場合は，連結貸借対照表上相殺して表示しております。

　その他の担保付借入は主にインターバンク短期金融市場における金融機関および中央銀行からの借入であり，契約金額で計上されております。

　譲渡取消による担保付借入は編纂書860「譲渡とサービシング」（以下「編纂書860」）において売却取引ではなく金融取引として会計処理された金融資産の譲渡に関連する負債であり，連結貸借対照表上，長期借入に含まれております。これらには通常，公正価値オプションを適用し，経常的に公正価値で計上しております。詳細については，「注記6　証券化および変動持分事業体」および「注記10　借入」をご参照ください。

野村の自己所有の有価証券のうち，取引相手に担保として差し入れ，かつ取引相手が当該有価証券に対し売却や再担保差入れの権利を有するもの（現先レポ取引にかかる差入担保を含む）は，連結貸借対照表上，トレーディング資産に担保差入有価証券として括弧書きで記載しております。

　詳細については「注記5　担保付取引」をご参照ください。

デリバティブ取引

　野村はトレーディング目的およびトレーディング目的以外で，先物取引，先渡契約，スワップ，オプションなどのデリバティブ取引を行っております。会計上のデリバティブの定義を満たす独立した金融商品はそれぞれ，その貸借対照表日の公正価値が正の価値か負の価値かにより，連結貸借対照表上トレーディング資産またはトレーディング負債として計上されています。仕組債や仕組預金などの複合金融商品に組み込まれた一定のデリバティブは，主契約から区分され公正価値で評価され，主契約の満期日に応じて短期借入または長期借入に計上されております。公正価値の変動はデリバティブの使用目的により連結損益計算書または連結包括利益計算書に計上されます。

トレーディング目的のデリバティブ取引

　区分処理された組込デリバティブを含むトレーディング目的のデリバティブ取引は，公正価値で計上され，公正価値の変動は連結損益計算書上，収益ートレーディング損益に計上されております。

トレーディング目的以外のデリバティブ取引

　野村は，トレーディング目的のほかに，認識された資産・負債，予定取引や確定したコミットメントから生じるリスクを管理するためにデリバティブ取引を利用しております。トレーディング目的以外のデリバティブ取引には，下記のとおり編纂書815「デリバティブとヘッジ」（以下「編纂書815」）における公正価値ヘッジや純投資ヘッジを指定した取引や経済的ヘッジで構成されています。

・公正価値ヘッジ

　野村は一定のデリバティブ金融商品を，特定の金融負債から生じる金利リスク管理および為替リスク管理のため，公正価値ヘッジに指定しております。これらのデリバティブ取引は，当該ヘッジ対象のリスク低減に有効であり，ヘッジ契約の開始時から終了時までを通じてヘッジ対象の金融資産および金融負債，公正価値の変動と高い相関性を有しております。関連する評価損益はヘッジ対象の金融負債およびトレーディング目的以外の負債証券にかかる損益とともに，連結損益計算書上，それぞれ金融費用および収益－その他に計上されております。

・純投資ヘッジ

　海外事業への純投資についてヘッジ指定されたデリバティブは，日本円以外が機能通貨である特定の子会社に関連付けられています。純投資ヘッジの有効性は，スポット・レートの変動によるデリバティブの公正価値の変動部分で判定されます。ヘッジ手段のデリバティブの公正価値の変動のうちフォワード・レートとスポット・レートの変動の差による差額は有効性の判定から除かれ，連結損益計算書上，収益－その他に計上されております。

　その他の有効と判定されたデリバティブの公正価値の増減は，当社株主資本に累積的その他の包括利益として計上されております。

・経済的費用ヘッジ

　野村は予定取引や確定したコミットメントから生じる特定の費用について野村は株価や為替の変動を管理するために特定のデリバティブを経済的費用ヘッジとしてヘッジ指定しております。これらのデリバティブの公正価値の変動は連結損益計算書上，ヘッジ対象の損益と同じ科目に報告されます。

デリバティブの相殺

　法的拘束力のあるマスター・ネッティング契約を締結している同一の取引相手とのデリバティブ資産および負債，さらに関連する現金担保の請求権（債権）および現金担保の返済義務（債務）は，編纂書210－20および編纂書815に定義された特定の条件に合致する場合は，連結貸借対照表上相殺して表示しておりま

す。

デリバティブの清算

　取引所で取引されるデリバティブと清算機関で清算されるOTCデリバティブは，公正価値の変動を反映する変動証拠金が日々収受されています。このような変動証拠金は中央清算機関との契約内容によって，デリバティブの部分決済または現金担保の未収もしくは未払として会計処理されます。

　詳細については「注記3　デリバティブ商品およびヘッジ活動」をご参照ください。

貸付金

　予見し得る将来にわたって保有することを意図している貸付は貸付金に区分されております。貸付金は公正価値または償却原価により計上されております。貸付金の利息収入は連結損益計算書上，収益－金融収益に計上されております。

公正価値により計上される貸付金

　公正価値ベースでリスク管理している貸付金は，公正価値による測定が選択されております。この公正価値オプションの選択は，貸付金と当該貸付金のリスク低減目的で使用しているデリバティブの測定方法の違いによって生じる連結損益計算書上の変動軽減を目的としております。公正価値オプションを選択した貸付金の公正価値の変動は，連結損益計算書上，収益－トレーディング損益に計上されております。

償却原価により計上されている貸付金

　公正価値オプションを選択していない貸付金は，償却原価で計上されております。償却原価は，繰延収益および直接費用ならびに購入した貸付金に関しては未償却プレミアムまたはディスカウントを調整した原価から，野村が2020年4月1日に初度適用した編纂書326のCECLに対する貸倒引当金を控除した価額であります。

ローン貸出手数料収入は貸出に関連する費用を控除後，金利の調整としてローン期間にわたり償却され収益－金融収益に計上されております。

借手の財政的困難を理由に野村が借手に対する譲歩として与える貸付金の条件変更は，通常，不良債権のリストラクチャリング（Troubled Debt Restructuring（以下「TDR」））として扱います。

編纂書326に基づく現在予想信用損失に対する貸倒引当金の決定が現在予想信用損失の計算に与えた影響を含む詳細については「注記7　金融債権」をご参照ください。

その他の債権

顧客に対する受取債権には，顧客との有価証券取引に関する債権，顧客との有価証券の引渡未了（フェイル）にかかる受取債権，および手数料の純受取額の金額が含まれており，顧客以外に対する受取債権には，信用預託金，ブローカーやディーラーとの有価証券の引渡未了（フェイル）にかかる受取債権，デリバティブ取引にかかる現金担保の受取債権，未決済有価証券取引の純受取額の金額が含まれております。

これらの受取債権は編纂書326に従い認識された現在予想信用損失に対する貸倒引当金を差し引いた金額で計上されております。

編纂書326に基づく現在予想信用損失に対する貸倒引当金の決定に関する詳細については「注記7　金融債権」をご参照ください。

貸出コミットメント

野村が提供する未実行貸出コミットメントは，簿外債務として処理されるか，またはトレーディング商品への分類もしくは公正価値オプションの選択により公正価値で会計処理されております。

貸出コミットメントは通常貸出が実行された際の貸付金と同様に会計処理されています。貸付金がトレーディング資産への分類または公正価値オプションの選択により公正価値評価される場合には，貸出コミットメントも通常同様に公正価値評価され，公正価値の変動は連結損益計算書上，収益－トレーディング損益と

して認識しております。貸出コミットメントの提供に不可欠な貸出コミットメント手数料はコミットメントの公正価値の一部として収益認識されます。

　貸付金が予見できる将来にわたって保有され，公正価値オプションが適用されない場合の貸出コミットメントについて，野村は編纂書326に従い現在予想信用損失に対する引当てを認識しております。貸出コミットメント手数料は通常繰り延べられ，金利の調整として貸出日から契約期間にわたり認識されます。貸出コミットメントから貸出が実行される可能性がほとんどないと考えられる場合には，貸出コミットメント手数料はコミットメント期間にわたって役務収益として認識されます。

　編纂書326に基づく現在予想信用損失に対する貸倒引当金の決定に関する詳細については「注記7　金融債権」をご参照ください。

支払債務および受入預金

　顧客に対する支払債務は，顧客との有価証券取引に関する債務の金額が含まれており，通常契約金額で測定されております。

　顧客以外に対する支払債務は，有価証券の受入未了（フェイル）にかかる支払債務，デリバティブ取引や一定の担保付調達および資金調達取引にかかる現金担保の支払債務，未決済有価証券取引の純支払額の金額が含まれており，契約金額で測定されております。

　受入銀行預金は，銀行子会社が受け入れた銀行預金の金額を示しており，契約金額で測定されております。

建物，土地，器具備品および設備

　野村が自己使用のために所有する建物，土地，器具備品および設備は，取得価額から減価償却累計額を控除した金額で計上しております。ただし，土地は取得価額で計上しております。多額の改良および追加投資は，資産計上しております。維持，修繕および少額の改良は，連結損益計算書上，当期の費用に計上しております。

　野村が借手または貸手として関わるリース取引およびサブリース取引は，編纂

書842「リース」に従いリース取引開始日にオペレーティング・リースまたはファイナンス・リースに分類されます。野村は借手である場合，リース取引開始日に使用権資産およびリース負債を認識し，それぞれ連結貸借対照表上その他の資産－建物，土地，器具備品および設備ならびにその他の負債－その他に計上しております。

　リース負債は，リース期間にわたる最低リース料支払額の現在価値で当初測定されます。将来の最低リース料支払額は，リース取引開始日における野村の追加借入利子率を用いて割引計算されます。リース期間は通常，リース契約の満期に，野村が行使することが合理的に予見される延長または解約オプションにより調整される期間を加味して決定されます。使用権資産は，リース負債の金額に，リース料の前払い，当初直接費用およびリース・インセンティブを加算した金額で当初測定されます。

　リース取引開始日後，野村が借手となるオペレーティング・リースについてはリース契約期間にわたりリース費用を原則として定額法で認識し，連結損益計算書上不動産関係費または情報・通信関係費用に計上しております。ファイナンス・リースについては使用権資産にかかる減価償却費とリース債務にかかる利息費用をリース契約期間にわたり認識します。

　野村が所有する資産の減価償却費は，原則として定額法により計算され，各資産の見積耐用年数に基づき認識されます。資産の見積耐用年数は，技術革新，経年劣化および物理的費消を考慮して決定します。リース物件の改良費は，それ自体の耐用年数またはリース期間のいずれか短い期間にわたり減価償却されます。

　主要な資産の種別の見積耐用年数は以下のとおりです。

建物	3年から50年
器具備品および設備	3年から20年
ソフトウエア	3年から10年

　のれんおよび非償却性無形資産を除く長期性資産は，帳簿価額が回収可能でない兆候を示す事象や環境変化が生じた場合には，減損テストの対象となります。将来の資産からの割引前の期待キャッシュ・フローの合計が帳簿価額を下回る場合には，帳簿価額と公正価値の差額を損失計上しております。

詳細については「注記8　リース」をご参照ください。

投資持分証券

　野村は，既存および潜在的な取引関係をより強化することを目的とし，非関連会社である日本の金融機関や企業のエクイティ証券を一部保有しており，同様に，これらの企業が野村のエクイティ証券を一部保有していることがあります。こうした株式の持合は日本の商慣行に基づいており，株主との関係を管理する方法のひとつとして用いられております。

　野村が営業目的で保有するこれらの投資は公正価値で評価され，連結貸借対照表上，その他の資産－投資持分証券に分類され，公正価値変動は，連結損益計算書上，収益－投資持分証券関連損益に計上されます。

その他のトレーディング目的以外の負債証券および営業目的以外の投資持分証券

　一部の子会社はトレーディング目的以外の負債証券および営業目的以外の投資持分証券を保有しております。これらの子会社によって保有されるトレーディング目的以外の有価証券は連結貸借対照表上その他の資産－トレーディング目的以外の負債証券およびその他の資産－その他に計上され，公正価値の変動は連結損益計算書上，収益－その他で認識されております。トレーディング目的以外の有価証券に関する実現損益は連結損益計算書上，収益－その他に計上されております。

短期および長期借入

　短期借入は，借入金のうち要求払のもの，借入実行日において契約満期が1年以下のもの，または契約満期は1年超であるが借入実行日より1年以内に野村のコントロールが及ばない条件により貸付人が返済を請求でき，その請求の可能性がほとんどないとは考えられないものと定義しております。短期および長期借入は，主にコマーシャル・ペーパー，銀行借入，野村および野村により連結される特別目的事業体により発行された仕組債，編纂書860に基づき売却ではなく金融取引として会計処理された取引から生じた金融負債（以下「譲渡取消による担保

付借入」）により構成されます。これら金融負債のうち，一部の仕組債，譲渡取消による担保付借入および一部の仕組借入は，公正価値オプションを適用し経常的に公正価値で会計処理されております。それ以外の短期および長期借入は償却原価で計上されております。

　仕組債とは，投資家への単純な固定または変動金利のリターンを，株価もしくは株価指数，商品相場，為替レート，第三者の信用格付，またはより複雑な金利等の変数に応じたリターンに変換する特徴（多くの場合，会計上のデリバティブの定義に該当する）が組み込まれた負債証券です。また，仕組借入は，仕組債と同様の特徴を持つ借入です。

　すべての仕組債および一部の仕組借入は，公正価値オプションの適用により経常的に公正価値で計上されております。この仕組債および仕組借入への包括的な公正価値オプション適用の主な目的は，仕組債と当該仕組債のリスク管理に使用するデリバティブの測定基準の違いから生じる連結損益計算書上の変動軽減と，これら金融商品に適用される会計処理の全般的な簡素化にあります。

　公正価値オプションが選択された仕組債の公正価値の変動額は，連結包括利益計算書上，その他の包括利益に計上されている仕組債にかかる野村の自己クレジットの変動に起因するものを除き，連結損益計算書上，収益－トレーディング損益に計上されております。

　詳細については「注記10　借入」をご参照ください。

法人所得税等

　資産および負債について会計上と税務上の帳簿価額の差額から生じる一時差異，繰越欠損金および繰越税額控除の将来の税金への影響額は，各期に適用される税法と税率に基づき繰延税金資産または負債として計上されております。繰延税金資産は，将来において実現すると予想される範囲内で認識されております。なお，将来において実現が見込まれない場合には，繰延税金資産に対し評価性引当金を設定しております。

　繰延税金資産および繰延税金負債のうち，特定の課税管轄区域内における同一納税主体に関連するものは，連結貸借対照表上相殺表示されております。繰延税

金資産および繰延税金負債の純額は，連結貸借対照表上，その他の資産ーその他およびその他の負債にそれぞれ計上されております。

　野村は，税務ポジションが将来の税務調査で是認される確率を，専門的な観点から事実および状況ならびに期末日時点に入手可能な情報に基づき見積もり，未認識の税金費用減少効果（以下「未認識税務ベネフィット」）を認識および測定しております。野村は，追加情報を入手した，または変更を要する事象が発生した場合,未認識税務ベネフィットの水準を調整しております。未認識税務ベネフィットの再測定は，発生期における実効税率に重要な影響を及ぼす可能性があります。

　野村は，法人所得税に関する利息および加算税を，連結損益計算書上，法人所得税等に計上しております。　詳細については「注記14　法人所得税等」をご参照ください。

株式報酬制度

　野村により役員または従業員に付与される株式報酬は付与の条件により資本型または負債型として処理されます。

　ストック・オプションや譲渡制限株式ユニット（以下「RSU」）のように当社株式の交付により決済される予定のある株式報酬は資本型に分類されます。資本型報酬の総報酬費用は通常付与日に固定され，付与日の公正価値に従業員が支払義務を負う金額および見積権利喪失額を差し引いて評価されます。

　ファントム・ストックやカラー付ファントム・ストックプランのように現金で決済される株式報酬は負債型に分類されます。負債型報酬は貸借対照表日ごとに見積権利喪失額を差し引いた公正価値で再評価され，最終的な報酬費用の合計は決済額と一致します。

　資本型および負債型の報酬の双方について，その公正価値は，オプション価格決定モデル，当社株式の市場価額または第三者機関の株価指数に基づいて適切に測定されます。報酬費用は，必要とされる勤務期間（契約上の受給権確定までの期間と通常一致する）にわたって連結損益計算書に認識されております。報酬が段階的に確定する場合には，段階ごとに費用計算が行われます。

　特定の繰延報酬には，野村での職位と勤務期間にかかる一定の条件を満たした

場合, 自己都合退職時点または事前に決定された期間内におけるフル・キャリア・リタイアメントの申請時点で受給権の確定を認める「フル・キャリア・リタイアメント」条項を含んでおります。これら報酬にかかる必要勤務期間は, 契約上の受給権確定日または対象者がフル・キャリア・リタイアメントの条件を満たした日もしくはフル・キャリア・リタイアメントの申請をした日のいずれか早い日に終了します。

詳細については「注記13　繰延報酬制度」をご参照ください。

1株当たり当期純利益

1株当たり当期純利益は期中加重平均株式数に基づいて計算しております。希薄化後1株当たり当期純利益は, 希薄化効果のあるすべての有価証券が投資家にとって最も有利な転換価格または行使価格に基づき転換され, かつ転換負債は転換仮定方式に基づき転換されると仮定して計算しております。

詳細については「注記11　1株当たり当期純利益」をご参照ください。

現金および現金同等物

現金および現金同等物には手許現金と要求払銀行預金が含まれております。

のれんおよび無形資産

企業結合の完了時に買収価額と純資産の公正価値との差額がのれんとして認識されます。当初認識以降, のれんは償却されず, 減損の判定がレポーティング・ユニットのレベルで毎年第4四半期に, あるいは減損の兆候の可能性を示す事象がある場合にはそれ以上の頻度で第4四半期を待たずして行われます。野村のレポーティング・ユニットは事業別セグメントと同じレベルまたはひとつ下のレベルになります。

野村は, それぞれのレポーティング・ユニットにつき, まず定性的に事象を検証し, レポーティング・ユニットの公正価値が簿価を下回っている可能性が高い（50％超の見込み）か否かを判断します。公正価値が簿価を下回っていないと判断された場合には, それ以上の分析は必要とされません。公正価値が簿価を下回

る可能性が高いと判断された場合には，定量的なテストを行います。のれんを含むレポーティング・ユニットの簿価が公正価値を超過する差額をそれぞれのレポーティング・ユニットに割り当てられたのれんの金額に限定して減損損失として認識します。

償却されない無形資産（以下「非償却性無形資産」）は，毎年第4四半期に，または減損の兆候の可能性を示す事象または状況がある場合にはそれ以上の頻度で第4四半期を待たずして，減損の判定が行われます。のれんと同様に，野村は非償却性無形資産について，まず当該無形資産の公正価値が簿価を下回っている可能性が高い（50％超）か否かを定性的に判断します。この定性的テストで公正価値が簿価を下回っていないと判断された場合，それ以上の分析は不要となります。もし公正価値が簿価を下回る可能性が高いと判断された場合，無形資産の簿価は現時点での公正価値と比較されます。簿価が現時点の公正価値を上回る場合には減損損失が認識されます。

耐用年数に限りのある無形資産（以下「償却性無形資産」）は見積耐用年数にわたって償却され，個別単位または他の資産と合わせた単位（以下「資産グループ」）で当該無形資産（または資産グループ）の簿価が回収できない可能性を示す事象または状況がある場合に減損テストが行われます。

償却性無形資産は，その簿価または資産グループの簿価が公正価値を上回る場合に減損されます。減損損失は，無形資産（または資産グループ）の簿価が回収不可能で，かつ公正価値を上回る場合にのみ計上されます。

のれんと無形資産の両方について，減損損失が計上された場合は新たな取得原価が構築されるため，その後における当該損失の戻入れは認められません。

詳細については「注記9　その他の資産－建物，土地，器具備品および設備ならびにその他／その他の負債」をご参照ください。

持分法適用投資

野村の持分法適用投資について減損の兆候がある場合には，投資総額について一時的な減損か否かが判定されます。のれんを含む持分法適用投資先の資産に対する個別の減損判定は行われません。一時的でない減損が存在すると判断された

場合には，持分法適用投資は公正価値まで減損され，持分法適用投資に使用される新たな取得原価が構築されます。

従業員給付制度

　野村は，特定の従業員に対して，年金およびその他の退職後給付を含むさまざまな退職給付制度を提供しております。

　これらの退職給付制度は，確定給付型制度または確定拠出型制度のいずれかに分類されます。

　確定給付型の年金制度またはその他の退職後給付制度にかかる年金資産および予測給付債務ならびに退職給付費用は，貸借対照表日における，割引率，年金資産の期待運用収益率，将来の給与水準といったさまざまな数理上の見積もりに基づき認識されます。年金数理上の損益のうち予測給付債務または年金資産の公正価値のいずれか大きい額の10％を超える部分および未認識の過去勤務費用は，給付を受ける在籍従業員の平均残存勤務期間にわたって定額法で償却され，退職給付費用に計上されます。年金資産の積立超過または積立不足の状況は，連結貸借対照表上，その他の資産－その他およびその他の負債にそれぞれ計上され，積立状況の変化は，退職給付費用および法人税控除後の金額で連結包括利益計算書上，その他の包括利益に計上されます。

　確定給付型制度にかかる退職給付費用およびその他の給付費用は，従業員が野村へサービスを提供したとき（通常は制度への掛金拠出時と一致）に，連結損益計算書上，人件費に計上されます。

　詳細については「注記12　従業員給付制度」をご参照ください。

会計方針の変更および新しい会計基準の公表

　野村が当連結会計年度から適用した新しい会計基準はありませんでした。

2 財務諸表等

(1) 財務諸表 ··

① 貸借対照表

（単位：百万円）

	第118期 （2022年3月31日）	第119期 （2023年3月31日）
資産の部		
流動資産		
現金および預金	145,605	180,977
金銭の信託	40	42
短期貸付金	3,624,538	3,428,327
未収入金	43,235	54,346
未収還付法人税等	―	38,898
その他	185,772	258,999
流動資産計	3,999,190	3,961,589
固定資産		
有形固定資産	27,409	26,182
建物	8,469	7,615
器具備品	10,877	10,469
土地	210	210
建設仮勘定	7,853	7,889
無形固定資産	69,446	78,830
ソフトウエア	69,446	78,830
その他	0	0
投資その他の資産	4,889,116	5,448,078
投資有価証券	※1 133,031	※1 102,041
関係会社株式	※1 2,531,582	※1 2,523,732
その他の関係会社有価証券	50,998	48,471
関係会社長期貸付金	2,085,030	2,678,999
長期差入保証金	22,617	21,801
繰延税金資産	58,289	62,838
その他	7,591	10,218
貸倒引当金	△23	△23
固定資産計	4,985,971	5,553,090
資産合計	8,985,161	9,514,679
負債の部		
流動負債		
短期借入金	2,057,902	1,809,104
1年内償還予定の社債	30,000	100,000
貸借取引担保金	71,534	55,140
未払法人税等	17,286	4
賞与引当金	55,172	68,566
その他	107,295	77,454
流動負債計	2,339,188	2,110,267
固定負債		
社債	2,113,394	2,705,500
長期借入金	1,896,312	1,936,894
その他	90,074	183,916
固定負債計	4,099,780	4,826,310
負債合計	6,438,968	6,936,577

	第118期 （2022年3月31日）	第119期 （2023年3月31日）
純資産の部		
株主資本		
資本金	594,493	594,493
資本剰余金		
資本準備金	559,676	559,676
資本剰余金合計	559,676	559,676
利益剰余金		
利益準備金	81,858	81,858
その他利益剰余金		
繰越利益剰余金	1,427,897	1,544,020
利益剰余金合計	1,509,755	1,625,878
自己株式	△112,159	△118,377
株主資本合計	2,551,766	2,661,670
評価・換算差額等		
その他有価証券評価差額金	59,899	40,198
繰延ヘッジ損益	△70,833	△126,128
評価・換算差額等合計	△10,934	△85,930
新株予約権	5,361	2,363
純資産合計	2,546,193	2,578,102
負債・純資産合計	8,985,161	9,514,679

② 損益計算書

（単位：百万円）

	第118期 （自 2021年4月1日 至 2022年3月31日）	第119期 （自 2022年4月1日 至 2023年3月31日）
営業収益		
資産利用料	102,287	108,679
不動産賃貸収入	28,266	28,663
商標使用料	38,478	34,185
関係会社受取配当金	127,518	150,651
関係会社貸付金利息	52,744	134,746
その他の売上高	6,195	15,397
営業収益計	355,487	472,321
営業費用		
人件費	48,293	53,739
不動産関係費	38,850	40,864
事務費	66,673	74,517
減価償却費	31,079	30,005
租税公課	4,240	2,600
その他の経費	7,245	8,172
金融費用	51,408	148,853
営業費用計	247,788	358,750
営業利益	107,698	113,572
営業外収益	16,903	16,144
営業外費用	10,024	7,753
経常利益	114,577	121,963
特別利益		
関係会社清算益	−	12,659
関係会社株式売却益	※2 105,443	※2 40,575
投資有価証券売却益	3,400	28,120
固定資産売却益	14	−
新株予約権戻入益	873	764
特別利益計	109,729	82,118
特別損失		
投資有価証券売却損	5	107
投資有価証券評価損	1,985	227
関係会社株式評価損	10,785	7,573
固定資産除売却損	597	441
特別損失計	13,373	8,348
税引前当期純利益	210,933	195,734
法人税、住民税及び事業税	39,638	△8,775
法人税等調整額	△5,174	30,244
法人税等合計	34,464	21,470
当期純利益	176,470	174,264

第118期（自　2021年4月1日　至　2022年3月31日）

（単位：百万円）

		株主資本					
	資本金	資本剰余金		利益剰余金			
		資本準備金	資本剰余金合計	利益準備金	その他利益剰余金		利益剰余金合計
					繰越利益剰余金		
当期首残高	594,493	559,676	559,676	81,858	1,323,802		1,405,660
当期変動額							
剰余金の配当					△70,714		△70,714
当期純利益					176,470		176,470
自己株式の取得							
自己株式の処分					△1,661		△1,661
株主資本以外の項目の当期変動額（純額）							
当期変動額合計	－	－	－	－	104,095		104,095
当期末残高	594,493	559,676	559,676	81,858	1,427,897		1,509,755

	株主資本		評価・換算差額等			新株予約権	純資産合計
	自己株式	株主資本合計	その他有価証券評価差額金	繰延ヘッジ損益	評価・換算差額等合計		
当期首残高	△91,049	2,468,780	42,098	△9,002	33,096	8,834	2,510,710
当期変動額							
剰余金の配当		△70,714					△70,714
当期純利益		176,470					176,470
自己株式の取得	△39,650	△39,650					△39,650
自己株式の処分	18,541	16,880					16,880
株主資本以外の項目の当期変動額（純額）			17,801	△61,831	△44,030	△3,473	△47,503
当期変動額合計	△21,109	82,986	17,801	△61,831	△44,030	△3,473	35,483
当期末残高	△112,159	2,551,766	59,899	△70,833	△10,934	5,361	2,546,193

第119期（自　2022年4月1日　至　2023年3月31日）

（単位：百万円）

		株主資本					
	資本金	資本剰余金		利益剰余金			
		資本準備金	資本剰余金合計	利益準備金	その他利益剰余金 繰越利益剰余金	利益剰余金合計	
当期首残高	594,493	559,676	559,676	81,858	1,427,897	1,509,755	
当期変動額							
剰余金の配当					△57,262	△57,262	
当期純利益					174,264	174,264	
自己株式の取得							
自己株式の処分					△879	△879	
株主資本以外の項目の当期変動額（純額）							
当期変動額合計	–	–	–	–	116,123	116,123	
当期末残高	594,493	559,676	559,676	81,858	1,544,020	1,625,878	

	株主資本		評価・換算差額等			新株予約権	純資産合計
	自己株式	株主資本合計	その他有価証券評価差額金	繰延ヘッジ損益	評価・換算差額等合計		
当期首残高	△112,159	2,551,766	59,899	△70,833	△10,934	5,361	2,546,193
当期変動額							
剰余金の配当		△57,262					△57,262
当期純利益		174,264					174,264
自己株式の取得	△24,728	△24,728					△24,728
自己株式の処分	18,509	17,630					17,630
株主資本以外の項目の当期変動額（純額）			△19,700	△55,296	△74,996	△2,998	△77,995
当期変動額合計	△6,219	109,904	△19,700	△55,296	△74,996	△2,998	31,910
当期末残高	△118,377	2,661,670	40,198	△126,128	△85,930	2,363	2,578,102

【注記事項】
（重要な会計方針）

1　有価証券の評価基準および評価方法 ……………………………………

（1）　その他有価証券 ………………………………………………………

ア　市場価格のない株式等以外のもの

　　時価をもって貸借対照表価額とし，取得原価（移動平均法により算定）な
いし償却原価との評価差額を全部純資産直入する方法によっております。

イ　市場価格のない株式等

　　移動平均法による原価法ないし償却原価法によっております。

　　なお，投資事業有限責任組合およびそれに類する組合への出資（金融商品
取引法第2条第2項により有価証券とみなされるもの）については，組合契
約に規定される決算報告日に応じて入手可能な最近の決算書を基礎とし，持
分相当額を純額で取り込む方法によっております。

（2）　子会社株式および関連会社株式 ………………………………………

移動平均法による原価法によっております。

2　デリバティブの評価基準および評価方法 …………………………………

時価法によっております。

3　運用目的の金銭の信託の評価基準および評価方法 ……………………

時価法によっております。

4　固定資産の減価償却の方法 ………………………………………………

（1）　有形固定資産 ……………………………………………………………

　定率法を採用しております。ただし，1998年4月1日以降に取得した建物（建
物附属設備を除く。）ならびに2016年4月1日以降に取得した建物附属設備およ
び構築物については，定額法を採用しております。

（2）　無形固定資産および投資その他の資産 ……………………………………

　定額法を採用しております。なお，ソフトウエアの耐用年数については，社内

における利用可能期間としております。

5　繰延資産の処理方法 ………………………………………………………
社債発行費
　社債発行費は，支出時に全額費用として処理しております。

6　外貨建の資産および負債の本邦通貨への換算基準 …………………………
　外貨建金銭債権債務は，期末日の直物為替相場により円貨に換算し，換算差額は損益として処理しております。

7　引当金の計上基準 …………………………………………………………
（1）　貸倒引当金 ……………………………………………………………
　貸付金等の貸倒損失に備えるため，一般債権については貸倒実績率により，また，貸倒懸念債権等特定の債権については個別に回収可能性を検討し，回収不能見込額を計上しております。
（2）　賞与引当金 ……………………………………………………………
　従業員に対する賞与の支払いに備えるため，当社所定の計算方法による支払見込額を計上しております。

8　収益および費用の計上基準 ………………………………………………
　当社の顧客との契約から生じた主たる収益は以下のとおりです。
　野村ブランドの使用の対価として受領する報酬は，サービス提供期間の経過とともに履行義務が充足されます。当該履行義務は通常の契約期間にわたり充足されると判断し，サービスの享受者の収入に応じて商標利用料収入として収益認識しております。
　業務委託サービス提供の対価として受領する報酬は，サービス提供期間の経過とともに履行義務が充足されます。当該履行義務は通常の契約期間にわたり充足されると判断し，均等にその他の売上高として収益認識しております。

9 ヘッジ会計の方法

(1) ヘッジ会計の方法

金利変動リスクおよび為替変動リスクのヘッジにつきましては，繰延ヘッジによっております。株価変動リスクのヘッジにつきましては，時価ヘッジによっております。

(2) ヘッジ手段とヘッジ対象

当社の社債および借入金にかかる金利変動リスクをヘッジするため，金利スワップ取引を行っております。また，為替予約や長期外貨建社債等の外貨建債務により，外貨建の子会社株式等にかかる為替変動リスクをヘッジしております。さらに一部のその他有価証券の株価変動リスクをヘッジするため，トータルリターンスワップを行っております。

(3) ヘッジ方針

社債および借入金にかかる金利変動リスクは，原則として発行額面または借入元本について全額，満期日までの期間にわたりヘッジしております。また，外貨建子会社株式にかかる為替変動リスクは，原則として為替予約や長期外貨建社債等の外貨建債務によりヘッジしております。その他有価証券の株価変動リスクは，トータルリターンスワップによりヘッジしております。

(4) ヘッジ有効性評価の方法

金利変動リスクおよび為替変動リスクのヘッジにつきましては，該当するリスク減殺効果を対応するヘッジ手段ならびにヘッジ対象ごとに定期的に把握し，ヘッジの有効性を検証しております。株価変動リスクのヘッジにつきましては，ヘッジ対象の時価変動等とヘッジ手段の時価変動等を定期的に比較する方法により，ヘッジの有効性を検証しております。

10 消費税および地方消費税の会計処理は，税抜方式によっております。

（重要な会計上の見積り）
1. 繰延税金資産の回収可能性
(1) 当事業年度の財務諸表に計上した金額

62,838百万円

(2)　識別した項目にかかる重要な会計上の見積りの内容に関する情報

　繰延税金資産は，将来減算一時差異，未使用の税務上の繰越欠損金のうち，将来課税所得に対して利用できる可能性が高いものに限り計上しています。将来課税所得については，将来獲得しうる課税所得の時期および金額を合理的に見積り，金額を算定しております。繰延税金資産は期末日に見直し，将来の税金負担額を軽減する効果を有さないと判断された場合は，繰延税金資産の計上額を減額しています。繰延税金資産の内訳につきましては，[注記事項]（税効果会計関係）をご参照ください。

第2章

金融業界の"今"を知ろう

企業の募集情報は手に入れた。しかし，それだけでは
まだ不十分。企業単位ではなく，業界全体を俯瞰する
視点は，面接などでもよく問われる重要ポイントだ。
この章では直近1年間の運輸業界を象徴する重大
ニュースをまとめるとともに，今後の展望について言
及している。また，章末には運輸業界における有名企
業（一部抜粋）のリストも記載してあるので，今後の就
職活動の参考にしてほしい。

▶▶おカネで動かす，日本と世界

金融 業界の動向

> 「金融」とは，金融取引に関わる業務に携わる業種である。銀行，
> 信用金庫・信用組合，証券，消費者金融，政府系の機関などがある。

❖ メガバンクの動向

都市銀行，長期信用銀行の再編で誕生した国内メガバンクには，三菱
UFJフィナンシャル・グループ，みずほフィナンシャルグループ，三井住
友フィナンシャルグループの3グループがある。それぞれ，信託銀行や証券
会社，資産運用会社を傘下に持ち，総合金融グループを形成している。

2016年2月，日本銀行によって導入されたマイナス金利政策によって，
銀行の収益は縮小が続いている。デジタル化の波が到来し，銀行業界は大
きな変化を迫られている。

特に象徴的なのが店舗であり，ネットバンキングの登場で店舗の来店客
数は大幅に減少している。各社は店舗削減に踏み切り，三菱UFJは2024年
度末までに2018年に500店舗あった店舗を約300店舗までに削減，みずほ
も500拠点のうち130拠点を減らす見込みだ。三井住友は店舗数は減らさな
いが，全体の4分の3にあたる300店舗について軽量店に転換していく。

● 「生産性革命」の流れは金融業界にも

三菱UFJフィナンシャル・グループ，みずほフィナンシャルグループ，
三井住友フィナンシャルグループの2023年3月期連結決算は，純利益が3
グループ合計で前期比5％増加した。新型コロナウイルス禍からの経済回復
を受けて，国内外で貸し出しが伸びたことが原因だ。

各メガバンクはその利益の4割前後を海外で稼いでおり，国内業務での収
益の落ち込みを海外で補っていることから，国内業務の効率化やリストラが
求められている。また，AIやフィンテックと呼ばれる金融IT技術により，
従来の銀行業務そのものも減少。とくに資金決済など，銀行が担ってきた

業務が新しい仕組みに置き換わりつつあることも背景にある。コロナの影響は和らいできているものの，米金利の高止まりによる貸し倒れ増加のリスクは燻っており，各社ともに慎重な構えを見せている。

業界内では再編の動きも活発化している。三井住友フィナンシャルグループとりそなホールディングスは，2018年4月，傘下の関西地銀3行を経営統合。みずほフィナンシャルグループと三井住友トラスト・ホールディングスも，2018年10月にJTCホールディングスを設立。その後JTCホールディングスは日本トラスティ・サービス信託銀行、資産管理サービス信託銀行と統合，2020年に日本カストディ銀行が発足した。

また，グループ内でも，業務効率性，ガバナンス強化を含めた機能別再編が行われている。三井住友フィナンシャルグループでは，傘下のSMBC日興証券とSMBCフレンド証券を合併。三菱UFJフィナンシャル・グループでは，2018年4月に信託銀行の法人融資業務を銀行部門へ移管，その一方で，投信運用会社は証券会社などから信託銀行傘下へシフトさせる。同じような動きは，みずほフィナンシャルグループでも起こっている。

❖ 地方銀行の動向

全国の都道府県を基本的な営業基盤とする「地方銀行」は，社団法人地方銀行協会に加盟する62行と，前身が相互銀行で社団法人第二地方銀行協会に加盟する37行の「第二地銀」で，合わせて99行ある。

の2023年3月期決算における地銀100行のコア業務純益は1兆6818億円と昨年に比べて約10％増加したが，有価証券の含み損の処理で債券関係損益が6385億円の損失。結果，純利益は8776億円と約2.7％の微増となった。

さらに，地方では地元工場の海外移転，少子高齢化に伴う人口減少が進む地域も多く，銀行間の競争も激化している。加えて，金融庁は，地銀に対して，不動産などの担保や保証を元に機械的に貸し出しの可否を判断するのではなく，企業の事業内容や将来性を踏まえた「事業性評価」に基づいて融資する「顧客本位の業務運営（フィデューシャリー・デューティー）」を求めており，地方創生における地銀の力に期待もしている。収益環境の改善を図りつつ，地域経済の活性化に寄与する，この期待にどのように応えていくか，地銀の知恵が問われている。

●経営効率の改善を目指した統合，グループ化と抱える課題

　金融庁は地方の金融システムを維持するため，再編や統合を含めた経営改善を求めており，地銀も収益環境の改善に向け，都道府県をまたいだ広域での連携，グループ化を模索，地銀同士の再編や連携の動きが加速している。

　2018年5月には，東京TYフィナンシャルグループと新銀行東京が合併し，きらぼし銀行に，2019年4月にはふくおかフィナンシャルグループと十八銀行の経営統合がなされた。2020年10月にも長崎県の十八銀行と親和銀行が合併し十八親和銀行となった。2021年も1月に新潟県の第四銀行と北越銀行が合併し第四北越銀行に，5月に三重県の第三銀行と三重銀行が合併し三十三銀行となった。22年4月にも青森銀行とみちのく銀行が経営統合。さらに10月には愛知銀行と中京銀行も経営統合を行った。23年6月には八十二銀行と長野銀行が経営統合，横浜銀行も神奈川銀行を完全子会社化した。さらに10月にはふくおかフィナンシャルグループが福岡中央銀行を完全子会社化した。

　再編の動きは今後も続いていく見込みだ。一時は県内シェアの高まりから公正取引委員会が統合に難色を示していたが，政府が独占禁止法の除外を認める特例法を定めたことで後押しする形となった。

❖ 信用金庫・信用組合の動向

　信用金庫・信用組合は，出資者である会員，組合員から預金を集め，中小の事業主や個人に融資を行う。営業エリアが限定されており，出資者の相互扶助を目的とする非営利団体で，全国に信用金庫が254，信用組合が143ある。

　非営利団体とはいえ金融機関である以上，健全な経営が必須となる。信用金庫全体の預貸率（預金に対する貸出金の比率）は，2014年4月以降，5割を下回る状況が続き，2017年3月，3年ぶりに5割を回復したが，引き続き収益環境は厳しい状況にある。そのため，地銀やメガバンク同様，再編の動きが活発化している。北海道では，2017年1月に江差信金と函館信金が合併した。2018年1月には札幌信金と北海信金，小樽信金が合併して，北海道信金が発足。預金額は1兆円を超えた。また，同時期，宮崎でも，

宮崎信金と都城信金が合併し，宮崎都城信金が発足した。岡山県の備前信金と日生信金も2020年2月に統合し備前日生信用金庫となった。2020年9月にも北陸信用金庫と鶴来信用金庫が合併し，はくさん信用金庫となった。

　地域と密接に結びつく信金・信組にとって地方創生は死活問題であり，地元の中小企業やベンチャー企業の支援に力を入れているところも増えている。地域経済活性化支援機構（REVIC）と組んでファンドを設立したり，企業の課題を解決するライフステージ別サポートプログラムの提供，インバウンド需要の取り込みに係る支援，また，農林水産業の6次産業化支援など，新しい試みを実施している。

❖ 証券会社の動向

　証券会社には，野村ホールディングス，大和証券ホールディングスといった独立系大手と，三大メガバンク系列，中堅各社，ネット系といったグループがある。主な収入源は，個人向けでは，顧客が株式売買で負担する手数料や投資信託の販売に係る手数料などが，法人向けでは増資や社債発行時の手数料，M&Aのアドバイス料などとなる。

　投資信託では，投資家から資金を預かり，投資判断，売買，コンサルティングなどを包括的に行う「ラップ口座」や，積み立て投資信託など，相場動向に左右されず，資産残高に応じて収入が得られる資産管理型ビジネスを強化している。メガバンク系列では，銀行と連携し，その顧客を取り込むなど，資産残高を増すために知恵を絞っている。

●大型M&Aにおいて，フィナンシャル・アドバイザーに

　メガバンク系の証券会社は，海外企業がからむM&A（合併・買収）にかかわる業務も増えている。みずほ証券は，ソフトバンクグループが3兆3000億円で英国の半導体企業アームを買収する際，財務アドバイザーを担当する1社となった。三菱UFJモルガン・スタンレー証券も，コマツによる米ジョイ・グローバル社の買収やキヤノンによる東芝メディカルシステムズの買収など，大型M&Aにおいてフィナンシャル・アドバイザーを努めている。

　また銀行と同じく，証券会社でも業界再編の動きが目立つ。2017年3月には，東海東京フィナンシャル・ホールディングスが，大阪の高木証券を完全子会社化したほか，地方銀行と合弁で各地に証券会社を設立する計画

を進めている。2018年1月には，三井住友フィナンシャルグループが，傘下のSMBC日興証券とSMBCフレンド証券を合併。7月には中堅の藍澤証券が，日本アジア証券を買収・合併した。

❖ 流通系・ネット銀行の動向

　リアルな店舗を持たずに，インターネット上で営業するネット銀行は，自由な取引時間や手数料の安さのほか，ネットやカードに関連したサービスに対する強みを活かして，若年層を中心に利用者を増やしている。コロナ禍で若年層の投資家が増え，口座連結するネット証券での金融商品の決算用に使う利用者が増えていることが要因のひとつと考えられる。

●フィンテック革命で進む，API接続

　ネット銀行においては，世界規模で進むフィンテック革命が，追い風となることは間違いない。フィンテックは，金融（Finance）と技術（Technology）を組み合わせた米国発の造語で，スマートフォンを使った決済や資産運用，ビッグデータ，人工知能（AI）などを活用した金融サービスのことを指す。

　運用においては，銀行システムを外部のサービスと接続するための「API」（アプリケーション・プログラミング・インターフェース）がポイントとなる。金融機関ではこれまで，セキュリティ，正確なデータの保存などの観点から，外部のソフトウエアとのデータ連携には積極的ではなかった。しかし，効率的に顧客の多様なニーズに応える新たなサービスを提供するには，外部との連携が不可欠であり，自行のAPIを公開する「オープンAPI」の動きも高まっている。住信SBIネット銀行は2016年，銀行システムを外部のサービスと接続するためのAPIを日本で初めて公開した。ジャパンネット銀行もまた，同様の取り組みを積極的に進めている。このように，最新のIT技術を駆使して，金融業界のあり方を「安く，早く，便利に」変えていこうとする動きが活性化している。

❖ ネット証券会社の動向

　現在，個人の株式投資のうち，実に8割がネットを通じた取引といわれている。ネット証券では，SBI証券と楽天証券が2強で，ネット取引の安さと自由さを武器にリテールでシェアを拡大してきた。2024年からは新NISAが開始されるなど，業界への注目度は高まっている。

　順調に成長してきたネット証券業界だが，楽観視できない状況もある。業界では取引手数料の引き下げ競争が激化。SBI証券は2023年度に手数料の無料化に踏み込んだ。収益モデルの変更に回らざるをえない会社にとっては苦境が続くとみられる。

●FTX破綻の影響大きく　復活の途上

　ネット上でやり取りする暗号資産。2009年に登場したビットコイン以降，その種類は増え続けており，暗号資産を投機目的で保有している人は珍しい存在ではなくなった。

　2020年には120兆円にせまる国内取引額だったが，2022年の世界大手の交換所，FTXの経営破綻。さらにはFTXの創業者が詐欺罪で有罪判決をうけるなど，暗号資産への信頼が劇的に下がった。2022年度の取引額は約25兆円と前年比で6割減。相場が一変した影響が大きくあらわれた。

　しかし価格は底打ちし，国内交換所の業績は好転。メルカリ子会社のメルコインなどはサービス開始から3カ月で50万人が口座を解説するなど明るい材料も多い。

金融業界

直近の業界各社の関連ニュースを
ななめ読みしておこう。

福井銀行、福邦銀行を合併へ　まず24年に完全子会社化

福井銀行は10日、子会社の福邦銀行（福井市）を合併する方針を発表した。2024年までに株式交換を完了させ、26年には2行体制となっている福井銀行と福邦銀行の合併を目指す。統合でシステムや人材配置の最適化を行い、グループ化している2行のシナジー（相乗効果）の最大化を目指す。

両行は10日、福邦銀行の完全子会社化に向けた基本合意書を締結した。24年6月の株主総会で承認されれば同年10月に完全子会社化を完了する。26年には両行を合併して単一ブランドにする方針も明らかにした。合併後の名称については未定としている。

福井銀行は21年、福邦銀行の第三者割当増資を引き受ける形で同行を連結子会社化していた。2行体制のもと人材交流などを進めたが、合併でさらに人材配置を効率化する。福井銀行の長谷川英一頭取は記者会見で「人材の融和は進んでいる。合併によってグループのシナジーを最大化する」と説明した。

10日に発表した23年4～9月期の連結決算では、純利益が前年同期比11%減の17億円だった。野村証券との事業提携にともなう先行投資の費用や外貨の調達コストの増加などを計上し、福井銀行単体の投信解約損益をのぞいたコア業務純益が前年同期比31%減の20億円だった。

（2023年11月10日　日本経済新聞）

住宅ローン、ネット銀行が主役　低金利競争で3メガ苦戦

住宅ローンの担い手が大手銀行からネット銀行に移っている。3メガバンクグループの有価証券報告書によると、2023年3月末時点の貸出残高の合計は33.4兆円と10年間で約10兆円減少した。代わりに台頭しているのがネット

銀行で、店舗に依存しない低コスト経営を武器に激しさを増す低金利競争を
リードしている。

ネット銀行の中でも勢いがあるのが、3月末に上場した住信SBIネット銀行だ。
22年度の住宅ローン新規実行額は1.4兆円で、それぞれ1兆円以下の3メガ
バンクを大幅に上回った。人工知能（AI）を駆使することで審査にかかる費用
を抑えている。

実際、同行の変動型の新規貸出金利は0.32％と、3メガバンクで最も低い三
菱UFJ銀行の0.345％を下回る。借り換えの場合は0.299％まで下がる。貸
出残高も3月末時点で5.3兆円とみずほ銀行の7.5兆円に近づいている。

auじぶん銀行は22年3月から23年6月の1年3カ月の新規実行額が1兆円
程度に増えた。同行はKDDIの通信サービスと電気を契約すれば、変動型金利
が新規で0.219％、借り換えで0.198％まで下がる。PayPay銀行も新規の
借入金利を0.319％、借り換えを0.29％に下げるキャンペーンを始めた。

ネット銀行の攻勢を受け、メガバンクは戦略の再構築を余儀なくされている。
「住宅ローンはコモディティー化しており、今後は脱力していく」。みずほフィ
ナンシャルグループの木原正裕社長は、5月の新中期経営計画の説明会で住宅
ローンの拡大路線を転換すると述べた。22年度の新規実行額は4300億円と
前の年度比で14％減り、22〜25年度は残高を数兆円規模で削減する。

三菱UFJ銀行は22年度の新規実行額が7000億円強と前の年度比で1割減っ
た。契約時に指定した期間がたつとローンの残高と同額で住宅を売却できる「残
価設定型住宅ローン」の取り扱いを3月から始めるなど商品内容で工夫を凝らす。

三井住友銀行も店舗削減やデジタル化にカジを切り、残高が減少する時期が続
いた。ただ、コスト削減が一巡したこともあり、22年度の新規実行額は
9857億円と3年連続で増加。個人向け総合金融サービス「Olive（オリーブ）」
で住宅ローン契約者にポイントを上乗せするなど反転攻勢をかけている。

ほかの大手銀行も試行錯誤を繰り返している。りそなホールディングスは住宅
ローンの残高を26年3月末までに1兆円増やす目標を掲げた。断熱性能の高
い低炭素住宅を金利優遇の対象に加えるなど環境配慮型に特化する。三井住
友信託銀行はローン契約者の自筆証書遺言を無料で預かるなど信託の強みを生
かす。

変動型金利の引き下げ競争は終わりが見えない。モゲチェックによれば、7月
のネット銀行の変動型金利の平均は0.386％と過去最低を更新した。auじぶ
ん銀行や住信SBIネット銀行は、グループ内の生命保険会社と連携して団体信
用生命保険（団信）の拡充に動くなどさらなる差別化に動いている。

住宅ローンは競争激化による利ざやの縮小で、メガバンクにとってもうからない商品になりつつある。それでも資産運用や保険といった顧客との継続的な取引の起点になることを考えれば、撤退するわけにもいかない。メガバンクは正念場を迎えている。

（2023年7月10日　日本経済新聞）

３メガ銀、新卒採用８年ぶり増　三井住友は専門コース３倍

メガバンクが８年ぶりに新卒採用を増やす。３メガの2024年入行の採用計画は合計で約1200人強と23年比で１割増える。三井住友銀行はデータ分析などの専門コースの採用を３倍超にする。支店の統廃合などを背景に新卒採用を減らしてきたが、デジタル人材を中心に採用増にかじを切る。新事業の創出やリスク管理の強化に加え、大量採用世代の退職を見据えて人員を補強する側面もある。

３メガの採用数は直近ピークの16年卒で5000人を超えたが、その後は右肩下がりで23年卒は約1070人まで減った。ネットバンキングの普及や店舗統廃合により、新卒を大量採用して全国に配置する必要性が薄れたためだ。24年入行は一転して三井住友銀行と、傘下の銀行や信託銀行などをまとめて採用するみずほフィナンシャルグループ（FG）が人数を増やす。

三井住友銀行の24年入行は、23年比で３割増の465人を計画する。リスクアナリストやデータサイエンス、サイバーセキュリティーの３つのコースを新設した。専門コースの採用数は40人前後を目標とし、23年比で３倍超にする。三井住友の菅家哲朗・人事部採用グループ長は「専門に勉強した人や長期インターンをしていた人など即戦力となる人材を専門コースで集めたい」と話す。

みずほFGは銀行と信託銀行に、IT（情報技術）システムのコースと事務効率化を企画するコースを新たに設けた。学生の希望に沿ってキャリアを決めたうえで採る「オーダーメード型」も新設。キャリアを特定する採用は23年比６割増の210人を計画し、全体では500人と３割増える見通し。

りそな銀行と埼玉りそな銀行も計545人と４割増やす。三菱UFJ銀行は全体の採用数は減るが、グローバルやデジタル、財務会計など専門コースの採用数は23年比５割増の100人程度を目指す。

（2023年4月6日　日本経済新聞）

３メガ銀、合併後最大の賃上げへ　三井住友はベア２.５％

３メガバンクが2023年度に、基本給を底上げするベースアップ（ベア）をそろって実施する。３行が同時にベアに踏み切るのは８年ぶり。三井住友銀行は29日に2.5％のベアを決め、従業員組合の要求に満額回答した。足元の物価上昇に加えて他業種との人材争奪も激しくなるなか、３メガ銀は2000年代の合併で誕生してから最大の賃上げに踏み切る。

三井住友銀行とみずほ銀行は合併後で最大となる2.5％のベアに踏み切る。三菱UFJ銀行は上げ幅を非公表としているが、賞与を含む総支払額の引き上げを合併後最大となる2.7％実施する方針だ。

りそな銀行と埼玉りそな銀行は、このほどベアと定期昇給を合わせて約5％の賃上げ実施を組合に回答した。非正規を含む全社員が対象となる。

ベアだけでなく、研修や手当を組み合わせて従業員への還元も増やす。三井住友銀行は定昇や賞与、教育・研修などの人的資本投資で実質7％の賃上げにあたる待遇改善を実施。みずほ銀行も同様の施策で6％の待遇改善をする。三菱UFJ銀行は昇格・登用、支援金などを合わせて実質的に平均7％超の賃上げをする。

（2023年３月29日　日本経済新聞）

横浜銀行「県内顧客基盤広げる」　神奈川銀行と経営統合

コンコルディア・フィナンシャルグループ（FG）傘下の横浜銀行と神奈川銀行は３日、経営統合することで合意した。合併はせず神奈川銀行を横浜銀行の完全子会社とすることを目指す。横浜銀は県内の中堅企業以上を、神奈川銀が中小零細企業を担い、県内の顧客基盤のさらなる強化を図る。関東で初めての「一県一グループ」体制となる。

横浜銀の片岡達也頭取は３日の記者会見で「神奈川県内の顧客基盤を拡大し対面営業を強化する。資本や人材など経営資源を集約し、経営基盤の強化をはかる」と経営統合の意図を説明した。神奈川銀の近藤和明頭取は「グループ内の資金融通などで積極的な融資に踏み切れるようになる」と期待をにじませた。

神奈川銀は1953年神奈川相互銀行として設立され、89年に普通銀行に転換した第二地方銀行だ。2022年３月時点で34ある本支店は全て県内にあり、

名実ともに神奈川県を地盤としている。

横浜銀は7.76%（22年3月末）を出資する大株主で、これまでも神奈川銀との連携を深めてきた。相互ATMの手数料優遇や、SDGs（持続可能な開発目標）関連の融資商品のノウハウの提供など個々の業務での提携を進めていた。横浜銀の出身者が神奈川銀の経営陣に派遣されることも多く、近年では横浜銀出身者が頭取に就任することが続いていた。

（2023年2月3日　日本経済新聞）

ネット証券が戦略転換、富裕層も　マネックスは専業会社

インターネット証券があまり力を入れてこなかった富裕層ビジネスを強化する。マネックスグループは専業会社を立ち上げた。SBIホールディングスは銀行との共同店舗を軸に顧客を開拓する。営業拠点や担当者を置き、リアルで顧客を増やす。株式売買などの手数料を下げてネットで個人投資家を取り込む戦略には限界が見えており、収益の多角化を急ぐ。

SBIや楽天証券は口座数で野村証券を上回る規模に成長し、足元でも口座開設の伸びは高水準だが、新規客は投資信託の積み立てなど少額の利用者であることが多い。顧客は増えても利益にはつながりにくい。そこで多額の預かり資産を見込める富裕層にも照準を合わせる。

保有する金融資産がおおむね1億円を超える日本の富裕層人口は世界で2番目に多く、資産額は10年間で7割増えた。成長市場とみて経営資源を割り振る。後発のネット証券がシェアを取るのは容易ではない。

マネックスは21年に富裕層向けの事業を始め、22年10月にマネックスPBとして分社化した。商品やシステムはグループの共通基盤を活用して富裕層営業に特化する。22年11月に東京に次ぐ2カ所目の拠点を名古屋市に開いた。担当者も増やして営業を強化する。

地域金融機関との提携で事業を伸ばす。地方にいる中小企業経営者や不動産オーナーなどの資産家に対して、地域金融機関は資産運用や事業承継の需要をとらえきれていない。マネックスPBの足立哲社長は「大阪や福岡にも拠点をつくって全国をカバーする体制を整えたい」と話す。

SBIは銀行との共同店舗「SBIマネープラザ」を軸に富裕層を開拓する。2月にSBI新生銀行との共同店舗を東京・銀座に開く。東和銀行や清水銀行など出資先との共同店舗も全国に展開してきた。新規株式公開（IPO）支援などを通し

て取引する企業オーナーらの資産運用ニーズを取り込んでいく。

楽天証券は富裕層向けの営業部隊を自社に持たない。提携する約120の金融商品仲介業者を通して富裕層向けに運用をプロに任せる商品などを提供する。仲介業者を経由した預かり資産残高は1兆円を超えた。

ネット証券が実店舗を運営すればコストがかかる。ネット証券は金融商品の幅広いラインアップを強みにする一方、富裕層向けサービスのノウハウは大手金融機関に比べ見劣りする。経験者を中途採用するなどして体制の整備を急ぐ。

（2023年1月25日　日本経済新聞）

八十二銀と長野銀が統合合意、システムは八十二銀に

八十二銀行と長野銀行は20日、経営統合で最終合意したと発表した。今後、長野銀株1株に八十二銀株2.54株を割り当てる株式交換を実施。6月1日付で八十二銀が長野銀を完全子会社にした後で早期に合併する。長引く低金利や高齢化の加速など地域金融機関の稼ぐ力が衰えるなか、経営基盤をより強固にして生き残りを目指す。

両行が同日開いた取締役会で統合を決議した。東洋大学国際学部の野崎浩成教授は、直近の株価などをもとに決められた株式交換比率について「市場の評価と整合しており妥当な結果と考えられる」とした。長野銀が3月24日に開催予定の臨時株主総会で承認を受けたうえで実施する。長野銀は5月30日付で上場廃止となる。

完全子会社化後の早い段階で両行は合併する計画。22年9月末の統合方針発表時には合併時期を「約2年後をメド」としていたが、八十二銀の松下正樹頭取は20日の会見で「より早く統合効果を出すためにもできるだけ早期に合併したい」と話した。

合併で重要な基幹システムについては現在、八十二銀が日本IBM、長野銀はNTTデータのシステムを活用している。松下頭取は「八十二銀には関連会社を含めて300人のシステム要員がおり、八十二銀のシステムを基本にしていく」と説明した。

（2023年1月20日　日本経済新聞）

▶労働環境

職種：**法人営業**　年齢・性別：**20代後半・男性**

- 実績をあげていれば有給取得や定時帰り等はスムーズにできます。案件が立て込むときと、閑散期とで残業時間は大きく変わります。
- 年間を通した進行が見通せれば、自分の予定を立てやすいです。
- 休日出勤は案件によっては必要になる場合もあります。

職種：**個人営業**　年齢・性別：**30代後半・女性**

- 総合職として入社すると3カ月間に渡る新入社員研修があります。
- FPや証券アナリスト講座などを受ける機会が定期的にあります。
- 業務は多忙ですが、資格を取得しておけばその後の人生に有利かと。
- 語学に自信があれば社内選考に挑戦し海外赴任という道もあります。

職種：**外商**　年齢・性別：**20代前半・男性**

- 仕事は全てトップダウンで決められていきます。
- 経営陣からブロック長、支店長と上から目標が与えられてきます。
- コンプライアンスに関して厳しく、手続等細かく決められています。自分で工夫を行う余地は少なく、体育会系気質の会社と言えます。

職種：**経営幹部**　年齢・性別：**30代前半・男性**

- 大企業なだけあって休暇日数は多め、有給休暇も取りやすいです。連続休暇制度も整っており、毎年旅行に行く社員も多いみたいです。支店であれば20時までには帰らされ、土日出勤もほぼありません。
- 業務量は非常に多いので、退社時間は個人の実力次第となります。

▶福利厚生

職種：個人営業　　年齢・性別：20代後半・男性

・ 日本や海外にも保養所があるなど，福利厚生は充実しています。
・ 年に2回のリフレッシュ休暇（土日を含めて9連休）があります。
・ 資格取得のための費用は全て会社が持ってくれます。
・ 転勤が多いため，家賃はほぼ全額会社が負担してくれます。

職種：投資銀行業務　　年齢・性別：20代後半・男性

・ 2カ月に1回有給休暇が取れるスポット休暇という制度があります。
・ 住宅補助については独身寮と，借り上げ社宅制度があります。
・ 独身寮は安くていいのですが，プライベートは全くないと言えます。
・ 労働時間については，1日あたり12時間程度はあります。

職種：個人営業　　年齢・性別：20代後半・男性

・ 福利厚生はとても充実していると思います。
・ 土日を合わせて9連休が1回，5連休が1回，毎年必ず取れます。
・ 年間5回まで取れる，1日スポットの休暇もあります。
・ 住宅補助は職階にもよりますが，最低でも家賃の3分の2が出ます。

職種：個人営業　　年齢・性別：20代後半・女性

・ 財形貯蓄や出産育児支援等，福利厚生はしっかりしています。
・ 有給休暇は初年度より20日間付与されるため，休みは多いです。
・ 有給休暇以外に連続5日間（土日含めて9日間）の休暇も取れます。
・ 食事補助もあるので，食堂があれば一食300円以下で食べられます。

▶仕事のやりがい

職種：経営幹部　　年齢・性別：30代前半・男性

- ・日本経済の原動力となっている中小企業を顧客としていることです。
- ・経営者の想いや事業にかける情熱に触れられるのは貴重な経験です。
- ・信頼関係を基に，企業の根幹を支える必要資金の供給を行います。
- ・事業成長のためのソリューションを提供できたときは感慨一入です。

職種：法人営業　　年齢・性別：20代後半・男性

- ・ホールセール営業の規模も大きくとてもやりがいがあります。
- ・やる気と仕事効率がよければ上司も期待値を込め評価してくれます。
- ・人間関係はめぐり合わせと思えれば，楽しい環境に感じられるはず。
- ・同期入社と比べられることも多いですが，仲間の存在は心強いです。

職種：個人営業　　年齢・性別：20代後半・男性

- ・扱う金額が大きいのでかなり刺激的な仕事だと思います。
- ・なかなか出会えないような経営者や高額納税者と仕事ができます。
- ・信頼を勝ち取って取引につながったときのやりがいは大きいです。他の業界ではあまり経験できないことだと思います。

職種：個人営業　　年齢・性別：20代後半・男性

- ・評価制度が透明で，ワークライフバランスも適度に調整できます。
- ・社員の雰囲気も良く，社内の風通しが非常に良いです。
- ・繁忙期に数字を達成した時には，非常にやりがいを感じます。
- ・社会貢献度も高く，前向きに仕事ができる環境だと思います。

▶ブラック？ホワイト？

職種：営業　　年齢・性別：30代後半・男性

・出世は，大卒で就職したプロパーが最優先です。
・中途採用者は全体の2%程度で，専門職の穴埋めという位置です。
・人事を決める役員・部長クラスには中途採用者はほぼいません。
・管理職になれなくても，給与はそれほど悪くはありません。

職種：法人営業　　年齢・性別：20代後半・男性

・昭和的な企業文化が色濃く残っており，出る杭は打たれやすいです。
・結果が出せれば，希望する職種・仕事への挑戦も認められます。
・法人営業で数字が出せない場合，体育会系の詰めがある場合も。
・逆境に耐えられるメンタルの強さが必要だと思います。

職種：個人営業　　年齢・性別：20代後半・女性

・営業職でがんばっていこうと思っている人にはいい会社です。
・成果は厳しく，イエスマンでなければ出世は望めないようです。
・営業職は給与に男女差はないので女性も働きやすいです。
・事務方は気配り根回し上手でないと出世はかなり狭き門のようです。

職種：営業　　年齢・性別：30代前半・男性

・社風は体育会系で，先輩の命令は絶対，縦の規律が厳しいです。
・営業数字，すなわち結果がすべてで，過程は評価されません。
・優先順位は，会社のため＞自分自身のため＞お客のためが鉄則です。
・社内のイベントは参加必須で，不参加なんてありえません。

▶女性の働きやすさ

職種：事務管理　　年齢・性別：20代後半・女性

- 出産育児休暇，時短勤務については制度が整っていると思います。
- なかには計画的に取得し，2年程産休育休を取っている人もいます。
- 出産後のキャリアについては，昇進とは縁遠くなる印象があります。
- 子供がいる女性の管理職もいますが，昇進スピードは遅いです。

職種：法人営業　　年齢・性別：30代後半・男性

- 女性総合職の大半は結婚や親の介護を理由に辞めてしまいます。
- 女性総合職は本店や海外，大きな店舗に行く傾向が高いようです。
- 今は女性支社長も誕生し，大きな仕事を任される人も増えています。
- 女性総合職自体が少ないので，管理職はいまだ少数です。

職種：個人営業　　年齢・性別：20代後半・女性

- 女性が多い職場だけに，産休育休制度は整っています。
- 法定の産休のほか，育児休暇は2歳まで，男女とも取得可能です。
- 職場復帰後は子供が小学3年生になるまで時短勤務を利用できます。
- 一般職の女性の多くは，2年間の育児休暇を取得しているようです。

職種：貿易，国際業務　　年齢・性別：20代後半・女性

- 女性役職者は年々増え，女性であってもキャリアアップが狙えます。
- 産休制度や育休制度，時短制度など福利厚生面も充実しています。
- 一般職だと時短も取りやすく，出産後も働き続けやすいと思います。
- 総合職だと顧客都合などでワークライフバランスは正直望めません。

▶今後の展望

職種：営業　　年齢・性別：20代後半・男性

・ファイナンス分野における専門知識に乏しい人が多く先行きが不安。
・各社員がスキルアップできる人事改革が必要だと思います。
・2，3年ごとに全く異なる部門へ異動する制度の弊害だと思います。
・会社の発展には組織体制の改革が必要だと思います。

職種：法人営業　　年齢・性別：20代後半・男性

・外資保険業界との金融商品の開発と共存が課題となります。
・一般顧客への金融商品の勧誘と信託部門との連携の強化も必要に。
・各社共，信託部門の拡大と顧客の勧誘には力を入れているようです。
・今後の業界の方向性としては信託部門の拡大が主になると思います。

職種：法人営業　　年齢・性別：20代後半・男性

・圧倒的なネットワークにより，海外進出は収益の柱となるでしょう。
・ただ，大組織故の意思決定の遅さは，営業には致命的なハンデかと。
・海外事業という他のメガバンクを圧倒できる強みは非常に貴重です。
・今後はアジアへの進出をより強化していくようです。

職種：法人営業　　年齢・性別：50代後半・男性

・地元では抜群の知名度と安定感がありますが，競争は厳しいです。
・地銀らしくアットホームな感じですが，成果は常に求められます。
・近年では投資信託等，手数料ビジネスが中心となってきています。
・最近では，アジアを中心とした海外展開にも力を入れています。

金融業界　国内企業リスト（一部抜粋）

区別	会社名	本社住所
銀行業	島根銀行	島根県松江市東本町二丁目 35 番地
	じもとホールディングス	仙台市青葉区一番町二丁目 1 番 1 号 仙台銀行ビル 9 階
	新生銀行	東京都中央区日本橋室町 2-4-3 日本橋室町野村ビル
	あおぞら銀行	東京都千代田区九段南 1-3-1
	三菱 UFJ フィナンシャル・グループ	東京都千代田区丸の内二丁目 7 番 1 号
	りそなホールディングス	東京都江東区木場 1 丁目 5 番 65 号 深川ギャザリア W2 棟
	三井住友 トラスト・ホールディングス	東京都千代田区丸の内 1-4-1
	三井住友 フィナンシャルグループ	東京都千代田区丸の内一丁目 1 番 2 号
	第四銀行	新潟市中央区東堀前通七番町 1071 番地 1
	北越銀行	新潟県長岡市大手通二丁目 2 番地 14
	西日本シティ銀行	福岡市博多区博多駅前三丁目 1 番 1 号
	千葉銀行	千葉県千葉市中央区千葉港 1-2
	横浜銀行	神奈川県横浜市西区みなとみらい 3 丁目 1 番 1 号
	常陽銀行	茨城県水戸市南町 2 丁目 5 番 5 号
	群馬銀行	群馬県前橋市元総社町 194 番地
	武蔵野銀行	さいたま市大宮区桜木町一丁目 10 番地 8
	千葉興業銀行	千葉県千葉市美浜区幸町 2 丁目 1 番 2 号
	筑波銀行	茨城県土浦市中央二丁目 11 番 7 号
	東京都民銀行	東京都港区六本木 2 丁目 3 番 11 号七十七銀行
	青森銀行	青森市橋本一丁目 9 番 30 号
	秋田銀行	秋田県秋田市山王三丁目 2 番 1 号
	山形銀行	山形市七日町三丁目 1 番 2 号
	岩手銀行	盛岡市中央通一丁目 2 番 3 号
	東邦銀行	福島市大町 3-25
	東北銀行	盛岡市内丸 3 番 1 号

区別	会社名	本社住所
銀行業	みちのく銀行	青森市勝田一丁目3番1号
	ふくおかフィナンシャルグループ	福岡県福岡市中央区大手門一丁目8番3号
	静岡銀行	静岡県静岡市葵区呉服町1丁目10番地
	十六銀行	岐阜県岐阜市神田町8丁目26
	スルガ銀行	静岡県沼津市通横町23番地
	八十二銀行	長野市大字中御所字岡田178番地8
	山梨中央銀行	甲府市丸の内一丁目20番8号
	大垣共立銀行	岐阜県大垣市郭町3丁目98番地
	福井銀行	福井県福井市順化1丁目1番1号
	北國銀行	石川県金沢市下堤町1番地
	清水銀行	静岡県静岡市清水区富士見町2番1号
	滋賀銀行	滋賀県大津市浜町1番38号
	南都銀行	奈良市橋本町16番地
	百五銀行	三重県津市岩田21番27号
	京都銀行	京都市下京区烏丸通松原上る薬師前町700番地
	紀陽銀行	和歌山市本町1丁目35番地
	三重銀行	三重県四日市市西新地7番8号
	ほくほくフィナンシャルグループ	富山県富山市堤町通り1丁目2番26号
	広島銀行	広島市中区紙屋町1丁目3番8号
	山陰合同銀行	島根県松江市魚町10番地
	中国銀行	岡山市北区丸の内1丁目15番20号
	鳥取銀行	鳥取県鳥取市永楽温泉町171番地
	伊予銀行	松山市南堀端町1番地
	百十四銀行	香川県高松市亀井町5番地の1
	四国銀行	高知市南はりまや町一丁目1番1号
	阿波銀行	徳島市西船場町二丁目24番地の1
	鹿児島銀行	鹿児島市金生町6番6号
	大分銀行	大分市府内町3丁目4番1号

区別	会社名	本社住所
銀行業	宮崎銀行	宮崎県宮崎市橘通東四丁目3番5号
	肥後銀行	熊本市中央区紺屋町1丁目13番地5
	佐賀銀行	佐賀市唐人二丁目7番20号
	十八銀行	長崎市銅座町1番11号
	沖縄銀行	那覇市久茂地3－10－1
	琉球銀行	沖縄県那覇市久茂地1丁目11番1号
	八千代銀行	新宿区新宿5-9-2
	セブン銀行	東京都千代田区丸の内1-6-1
	みずほ フィナンシャルグループ	東京都千代田区丸の内2丁目5番1号 丸の内二丁目ビル
	山口フィナンシャルグループ	山口県下関市竹崎町4丁目2番36号
	長野銀行	松本市渚2丁目9番38号
	名古屋銀行	名古屋市中区錦三丁目19番17号
	北洋銀行	札幌市中央区大通西3丁目7番地
	愛知銀行	愛知県名古屋市中区栄3-14-12
	第三銀行	三重県松阪市京町510番地
	中京銀行	名古屋市中区栄三丁目33番13号
	東日本銀行	東京都中央区日本橋3-11-2
	大光銀行	長岡市大手通一丁目5番地6
	愛媛銀行	愛媛県松山市勝山町2-1
	トマト銀行	岡山市北区番町2丁目3番4号
	みなと銀行	神戸市中央区三宮町2丁目1番1号
	京葉銀行	千葉県千葉市中央区富士見1-11-11
	関西アーバン銀行	大阪府大阪市中央区西心斎橋1丁目2番4号
	栃木銀行	栃木県宇都宮市西2-1-18
	北日本銀行	岩手県盛岡市中央通一丁目6番7号
	東和銀行	群馬県前橋市本町二丁目12番6号
	福島銀行	福島県福島市万世町2-5
	大東銀行	福島県郡山市中町19番1号
	トモニホールディングス	香川県高松市亀井町7番地1

区別	会社名	本社住所
銀行業	フィデアホールディングス	宮城県仙台市青葉区中央三丁目 1 番 24 号
銀行業	池田泉州ホールディングス	大阪府大阪市北区茶屋町 18 番 14 号
証券・商品先物取引業	FPG	東京都千代田区丸の内 2 丁目 3 番 2 号 郵船ビル 7F
証券・商品先物取引業	SBI ホールディングス	東京都港区六本木一丁目 6 番 1 号
証券・商品先物取引業	日本アジア投資	東京都千代田区神田錦町三丁目 11 番地 精興竹橋共同ビル
証券・商品先物取引業	ジャフコ	東京都千代田区大手町 1-5-1 大手町ファーストスクエア　ウエストタワー 11 階
証券・商品先物取引業	大和証券グループ本社	東京都千代田区丸の内一丁目 9 番 1 号 グラントウキョウ　ノースタワー
証券・商品先物取引業	野村ホールディングス	東京都中央区日本橋 1-9-1
証券・商品先物取引業	岡三証券グループ	東京都中央区日本橋一丁目 17 番 6 号
証券・商品先物取引業	丸三証券	東京都千代田区麹町三丁目 3 番 6
証券・商品先物取引業	東洋証券	東京都中央区八丁堀 4-7-1
証券・商品先物取引業	東海東京フィナンシャル・ホールディングス	東京都中央区日本橋三丁目 6 番 2 号
証券・商品先物取引業	光世証券	大阪市中央区北浜二丁目 1 － 10
証券・商品先物取引業	水戸証券	東京都中央区日本橋二丁目 3 番 10 号
証券・商品先物取引業	いちよし証券	東京都中央区八丁堀二丁目 14 番 1 号
証券・商品先物取引業	松井証券	東京都千代田区麹町一丁目 4 番地
証券・商品先物取引業	だいこう証券ビジネス	東京都中央区日本橋兜町 13 番 1 号
証券・商品先物取引業	マネックスグループ	東京都千代田区麹町二丁目 4 番地 1 麹町大通りビル 13 階
証券・商品先物取引業	カブドットコム証券	東京都千代田区大手町 1-3-2　経団連会館 6F
証券・商品先物取引業	極東証券	東京都中央区日本橋茅場町 1-4-7
証券・商品先物取引業	岩井コスモホールディングス	大阪市中央区今橋 1 丁目 8 番 12 号
証券・商品先物取引業	マネーパートナーズグループ	東京都港区六本木一丁目 6 番 1 号 泉ガーデンタワー 16 階
証券・商品先物取引業	小林洋行	東京都中央区日本橋蛎殻町一丁目 15 番 7 号 小林洋行ビル 2 号館

区別	会社名	本社住所
その他金融業	全国保証	東京都千代田区大手町二丁目1番1号 大手町野村ビル
	クレディセゾン	東京都豊島区東池袋 3-1-1 サンシャイン 60・52F
	アクリーティブ	千葉県市川市南八幡 4-9-1
	芙蓉総合リース	東京都千代田区三崎町 3-3-23 ニチレイビル
	興銀リース	東京都港区虎ノ門一丁目2番6号
	東京センチュリーリース	東京都千代田区神田練塀町3　富士ソフトビル
	日本証券金融	東京都中央区日本橋茅場町 1-2-10
	アイフル	京都市下京区烏丸通五条上る高砂町 381-1
	ポケットカード	東京都港区芝1丁目5番9号 住友不動産芝ビル2号館
	リコーリース	東京都江東区東雲一丁目7番12号
	イオン フィナンシャルサービス	千葉県千葉市美浜区中瀬 1-5-1　イオンタワー
	アコム	東京都千代田区丸の内二丁目1番1号 明治安田生命ビル
	ジャックス	東京都渋谷区恵比寿4丁目1番18号 恵比寿ネオナート
	オリエントコーポレーション	東京都千代田区麹町5丁目2番地1
	日立キャピタル	東京都港区西新橋二丁目15番12号（日立愛宕別館）
	アプラスフィナンシャル	大阪市中央区南船場一丁目17番26号
	オリックス	東京都港区浜松町2丁目4番1号 世界貿易センタービル
	三菱 UFJ リース	東京都千代田区丸の内 1-5-1 新丸の内ビルディング
	日本取引所グループ	東京都中央区日本橋兜町 2-1
	イー・ギャランティ	東京都港区赤坂 5-3-1 赤坂サカス内 赤坂 Biz タワー 37 階
	アサックス	東京都渋谷区広尾1丁目3番14号
	NEC キャピタル ソリューション	東京都港区港南二丁目15番3号 （品川インターシティ C 棟）

●情報提供のお願い●

　就職活動研究会では，就職活動に関する情報を募集していま
す。
　エントリーシートやグループディスカッション，面接，筆記
試験の内容等について情報をお寄せください。ご応募はメール
アドレス（edit@kyodo-s.jp）へお願いいたします。お送りくださ
いました方々には薄謝をさしあげます。
　ご協力よろしくお願いいたします。

会社別就活ハンドブックシリーズ
野村證券の
就活ハンドブック

編　者　就職活動研究会
発　行　令和6年2月25日
発行者　小貫輝雄
発行所　協同出版株式会社
〒 101－0054
東京都千代田区神田錦町2－5
電話　03－3295－1341
振替　東京00190－4－94061
印刷所　協同出版・POD工場

落丁・乱丁はお取り替えいたします

●2025年度版●
会社別就活ハンドブックシリーズ
【全111点】

運　輸

東日本旅客鉄道の就活ハンドブック	小田急電鉄の就活ハンドブック
東海旅客鉄道の就活ハンドブック	阪急阪神 HD の就活ハンドブック
西日本旅客鉄道の就活ハンドブック	商船三井の就活ハンドブック
東京地下鉄の就活ハンドブック	日本郵船の就活ハンドブック

機　械

三菱重工業の就活ハンドブック	浜松ホトニクスの就活ハンドブック
川崎重工業の就活ハンドブック	村田製作所の就活ハンドブック
IHI の就活ハンドブック	クボタの就活ハンドブック
島津製作所の就活ハンドブック	

金　融

三菱 UFJ 銀行の就活ハンドブック	野村證券の就活ハンドブック
三菱 UFJ 信託銀行の就活ハンドブック	りそなグループの就活ハンドブック
みずほ FG の就活ハンドブック	ふくおか FG の就活ハンドブック
三井住友銀行の就活ハンドブック	日本政策投資銀行の就活ハンドブック
三井住友信託銀行の就活ハンドブック	

建設・不動産

三菱地所の就活ハンドブック	鹿島建設の就活ハンドブック
三井不動産の就活ハンドブック	大成建設の就活ハンドブック
積水ハウスの就活ハンドブック	清水建設の就活ハンドブック
大和ハウス工業の就活ハンドブック	

資源・素材

旭旭化成グループの就活ハンドブック	関西電力の就活ハンドブック
東レの就活ハンドブック	日本製鉄の就活ハンドブック
ワコールの就活ハンドブック	中部電力の就活ハンドブック

九州電力の就活ハンドブック

自動車

トヨタ自動車の就活ハンドブック	デンソーの就活ハンドブック
本田技研工業の就活ハンドブック	日産自動車の就活ハンドブック

商　社

三菱商事の就活ハンドブック	伊藤忠商事の就活ハンドブック
住友商事の就活ハンドブック	双日の就活ハンドブック
丸紅の就活ハンドブック	豊田通商の就活ハンドブック
三井物産の就活ハンドブック	

情報通信・IT

NTT データの就活ハンドブック	サイバーエージェントの就活ハンドブック
NTT ドコモの就活ハンドブック	LINE ヤフーの就活ハンドブック
野村総合研究所の就活ハンドブック	SCSK の就活ハンドブック
日本電信電話の就活ハンドブック	富士ソフトの就活ハンドブック
KDDI の就活ハンドブック	日本オラクルの就活ハンドブック
ソフトバンクの就活ハンドブック	GMO インターネットグループ
楽天の就活ハンドブック	オービックの就活ハンドブック
mixi の就活ハンドブック	DTS の就活ハンドブック
グリーの就活ハンドブック	TIS の就活ハンドブック

食品・飲料

サントリー HD の就活ハンドブック	日本たばこ産業 の就活ハンドブック
味の素の就活ハンドブック	日清食品グループの就活ハンドブック
キリン HD の就活ハンドブック	山崎製パンの就活ハンドブック
アサヒグループ HD の就活ハンドブック	キユーピーの就活ハンドブック

生活用品

資生堂の就活ハンドブック	武田薬品工業の就活ハンドブック
花王の就活ハンドブック	

電気機器

三菱電機の就活ハンドブック	パナソニックの就活ハンドブック
ダイキン工業の就活ハンドブック	富士通の就活ハンドブック
ソニーの就活ハンドブック	キヤノンの就活ハンドブック
日立製作所の就活ハンドブック	京セラの就活ハンドブック
ＮＥＣの就活ハンドブック	オムロンの就活ハンドブック
富士フイルム HD の就活ハンドブック	キーエンスの就活ハンドブック

保　険

東京海上日動火災保険の就活ハンドブック	三井住友海上火災保険の就活ハンドブック
第一生命ホールディングスの就活ハンドブック	損保ジャパンの就活ハンドブック

メディア

日本印刷の就活ハンドブック	エイベックスの就活ハンドブック
博報堂 DY の就活ハンドブック	東宝の就活ハンドブック
TOPPAN ホールディングスの就活ハンドブック	

流通・小売

ニトリ HD の就活ハンドブック	ZOZO の就活ハンドブック
イオンの就活ハンドブック	

エンタメ・レジャー

オリエンタルランドの就活ハンドブック	任天堂の就活ハンドブック
アシックスの就活ハンドブック	カプコンの就活ハンドブック
バンダイナムコ HD の就活ハンドブック	セガサミー HD の就活ハンドブック
コナミグループの就活ハンドブック	タカラトミーの就活ハンドブック
スクウェア・エニックス HD の就活ハンドブック	

▼会社別就活ハンドブックシリーズにつきましては，協同出版のホームページからもご注文ができます。詳細は下記のサイトでご確認下さい。

https://kyodo-s.jp/examination_company